역사는 변하고 만다

역사는 변하고 만다

역사는 변하고 만다

강만길

당대

역사는 변하고 만다
ⓒ강만길

지은이| 강만길
펴낸이| 박미옥
펴낸곳| 도서출판 당대

제1판 제1쇄 발행 2003년 6월 10일
제1판 제2쇄 발행 2003년 7월 8일

등록| 1995년 4월 21일(제10-1149호)
주소| 서울시 마포구 연남동 509-2, 3층   121-240
전화| 323-1316 팩스| 323-1317
e-mail| dangbi@chollian.net

ISBN 89-8163-099-2 03300

머리말

만년(晚年)의 일기를 쓰듯…

한스 콘의 『역사가와 세계혁명』으로 기억되는 책을 읽고, 역사학 전공자가 평생 동안 쓴 일기를 근거로 하여 제가 살아온 세월과 같은 시대의 민족사 및 세계사를 연관시켜 역사책을 쓸 수 있다면 그보다 더한 보람이 없겠다고 생각한 적이 있다. 그러나 언제 연구실과 서재를 검색당할지 몰라 마음놓고 일기를 쓸 수 없었던 불행한 분단민족사회의 역사학 전공자로서는 그것은 바랄 수 없는 일이었다.

그런 불행한 역사학 전공자도 다행히 하나의 세기가 지고 새는 순간을, 그리고 하나의 천년이 가고 새 천년이 오는 엄청난 역사적 순간을 겪게 되었으니, 생각하기에 따라서는 사람의 행과 불행은 그다지 거리가 멀지 않은 것인지도 모른다. 더구나 민족사적으로는 그 세기의 교체 및 천년의 바뀜이 곧 군사독재 시대에서 민주주의 시대로 넘어가는 고비이기도 했으니 역사학 전공자에게는 둘도 없는 실험장이었던 셈이다. 그런데도 명색이 역사학자라면서 시대상을 괜찮게 담은 글을 쓸 수 없다면 그것이야말로 불행한 일일 것이다.

세기말인 1999년에 대학교단에서 정년이란 것을 맞게 되었는데,

그때를 전후해서 신문사들로부터 정기적으로 칼럼글을 써달라는 요청을 받았다. 망설이다가 평생을 두고 일기를 못 썼는데 이같은 세기적 전환기에 공인된 언론지면을 통해 만년의 일기를 쓰는 셈치고 칼럼글을 쓰자는 심정으로 응낙하게 되었다. 특히 『한겨레』 신문에 쓴 글이 많은데 의식 있는 독자들과 글을 통해 의기투합할 수 있었던 일은 다행이었다.

신문에 쓰는 글들은 그때마다 시사성을 띠게 마련인데, 몇 년에 걸쳐 쓴 글을 모아 책으로 만들 만한가 하고 망설여지기도 했다. 그러나 글들을 되짚어보니 아직도 '유효'하다고 생각되는 글들이 많았고, 설령 시효가 지난 글이라 해도 글마다 쓴 날짜가 밝혀져 있어서 지난날의 일기처럼 읽을 만하지 않을까 해서 모두 싣기로 했다.

역사학을 전공하며 살아온 전반부는 학술논문만을 쓰다가 그 후반부는 학술논문보다 사론이라 할 글들을 많이 썼고, 최근 몇 년은 신문칼럼문까지 쓰게 되었다. 한 세대 앞 역사학자들은 말할 것 없고 같은 세대 학자들에게도 '이단자'로 취급될지 모르지만, 나름대로 시대의 요구에 충실하려 노력하며 살았다고 스스로 변명하면서 자위한다. 그러나 늙으면 말이 적어져야 한다는 점도 명심하려 한다.

일정한 체계 없이 그때마다의 생각에 따라 썼던 글들을 모아 하나의 책이 되게 하기 위해 애쓴 당대출판사 여러분의 노고에 감사한다.

2003. 5. 20.
치악산 밑에서
강만길

차례

머리말 5

1. 지식인을 생각한다

늙은 역사학자의 고백 14 | 우리 근·현대 지성사를 엮기 위하여 20

20세기 한국 10인의 지성사적 인물 24 | 외국인 아닌 외국인 서재필의 비극 32

늙은 역사학자의 눈물 38 | 정재각 선생님과 나 42 | 러시아 지식인의 고민 49

대학을 살리는 길 53 | 대학총장 자리를 다시 생각한다 58

지식대중화에서 정보대중화로 63 | 대학다워지는 최소한의 조건 67

고등교육 개혁의 방향 72

2. 사회 속의 우리

평생 잊지 못할 일 78 | 개보다야 사람이지 82 | 월드컵과 민족적 환희 87

언론은 항상 역사 앞에 서야 91 | 가르치는 일의 어려움 96

민족문화와 국제화 99 | 친일파 발표와 역사정화 104

우리 역사교육은 어떤가 108 | 민주영령에게 안식처를 112

16대 대선과 영남의 선택 116 | 대학생 투표참가의 의의 120

젊은 세대에게 희망을 건다 123

3. 역사는 변하고 만다

역사는 변하고 만다 134 | 20세기를 되돌아보며 138 | 내가 소망하는 21세기 143

20세기 한국사의 반성과 21세기의 전망 147 | 이완용도 어쩔 수 없었다니 153

3·1절이 돌아오면 157 | 8·15는 무엇이었나 162

백범과 군더더기 우익 166 | 현대사 연구의 객관성과 김구 암살사건 170

민족분단사를 통해 본 6·25전쟁의 의미 177 | 4·19를 어떻게 볼 것인가 183

조봉암의 재평가를 위하여 189 | 6·10민주화운동을 되새긴다 195

21세기와 시민운동 199 | 16대 대통령선거와 젊은 세대의 역할 203

새 대통령께 바란다 206 | 촛불행진, 반미인가 탈미인가 211

4. 남과 북이 만났을 때

정상회담과 통일문제 218 | 남북정상회담을 수행하고 224

정상회담 후 무엇을 할 것인가 230 | 제2차 정상회담 이루어져야 한다 236

6·15공동선언과 재일동포 사회 242 | 남북 교육자 여러분께 247

평양방문기 252 | 북한학자들을 처음 만난 이야기 256

평양의 주선생님께 261 | 비전향 장기수 선생님들께 265

이산가족 만남을 보고 272 | 열 번이라도 가보고 싶은 금강산 276

한반도 통일과 체제문제 282 | 한·미·일 공조와 평화통일 288

'북핵'과 어느 아버지와 아들 292

5. 통일의 역사는 전진하고 있다

통일민족주의를 위하여 300 | 통일의 역사는 전진하고 있다 305

한반도 통일의 불가피성이란 310 | 대등통일이 진정한 평화통일 316

21세기와 국민국가와 민족통일 321 | 1948년 남북협상은 평화통일운동 325

금강산 관광사업은 평화통일 사업 330 | 남북 문화교류 어떻게 할 것인가 334

우리는 한심한 민족인가 339 | 이제 우리 민족문제는 우리 힘으로 343

통일 '언제쯤'에서 '어떻게'로 348 | 신의주특구는 통일실험장인가 352

미국, 언제까지… 356 | 한반도 통일과 미국 360

늙은 역사학자의 고백|우리 근·현대 지성사를 엮기 위하여

20세기 한국 10인의 지성사적 인물|외국인 아닌 외국인 서재필의 비극

늙은 역사학자의 눈물|정재각 선생님과 나|러시아 지식인의 고민

1. 지식인을 생각한다

대학을 살리는 길│대학총장 자리를 다시 생각한다

지식대중화에서 정보대중화로│대학다워지는 최소한의 조건

고등교육 개혁의 방향

늙은 역사학자의 고백

6·25전쟁이 한창이던 1952년에 대학의 역사학과에 입학했으니 역사학을 전공한 지 50년이 넘었다. 역사학을 공부하고 가르치는 사람의 최대 과제는 제가 사는 시대의 역사진행의 방향과 정도를 가능한 한 미리 알아내고 열심히 말해 주면서 스스로 굳건히 역사의 길을 걷는 일이라 생각한다. 그렇게 생각해 보면, 평생을 두고 역사학을 전공하고 가르치며 살아온 사람으로서 실수를 고백하고 반성해야 할 일들도 많다. 특히 이번 16대 대통령선거를 겪으면서 그런 생각이 더 절실해졌다.

이승만정권의 독재체제가 4·19항쟁으로 무너지는 것을 보고 환희에 젖었던 것은, 군대를 다녀와서 학부를 졸업하고 직업을 가진 한편 대학원에 다니던 20대 후반의 젊을 때였다.

4·19항쟁이 터졌을 때 그 역사적 정당성은 인식할 수 있었지만, 이승만정권의 붕괴까지를 내다볼 만큼 항쟁의 역사적 필연성을 인식하지는 못했다. 그 때문에 4·19 후 1년간의 '혼란'을 언론이나 여론 일반이 말하는 것처럼 혼란 그것으로 봤고, 민주화과정에서의 불가피성으로 보는 데는 인색했음을 고백하지 않을 수 없다.

그 때문에 5·16쿠데타로 군사정권이 성립된 초기에는 그 반역사성을 제대로 보지 못했다. 군사정권의 선전에 속아 혼란종식, 질서회복, 국정안정 정도의 인식에 머물렀다고 솔직히 고백할 수밖에 없다. 박정희 군사정권의 3선개헌 때는 30대 중반의 나이로 대학의 전임교원이 되어 있었는데, 그때쯤에야 군사독재정권의 반역사성을 제대로 보기 시작했다고 말할 수 있다. 이승만정권의 3선개헌이 무엇이며 어떤 결과를 가져왔는지를 경험했기 때문인지 모른다.

그런데도 박정희정권이 7·4공동성명을 발표했을 때는 그것이 '유신'체제로 가기 위한 '멍석 깔기'였음을 알지 못하고, 군사독재정권 아래에서도 평화통일의 길이 열릴 수 있을 것처럼 오판했다. 한때나마 덩달아서 흥분했고, 심지어는 강의시간에까지 그 기대감을 드러내기도 했으니, 지금 생각해도 역사를 잘못 본 부끄러움에 얼굴이 붉어진다. 7·4공동성명 자체야 역사성을 가진다 해도, 그것이 잘못 이용된 것을 당시에는 까맣게 몰랐으니 할말이 없다.

40대에 들어서서 겪은 저 암울했던 유신체제 아래에서도 역사 잘못 본 일을 고백하지 않을 수 없다. 유신 말기에 박정희씨의 나이가 60대에 들어섰다고 기억되는데, 그가 스페인의 프랑코같이 종신집권하리라 내다보면서 유신체제가 앞으로도 10년 이상 지속되는 것이 아닌가 오판하고 걱정했다. 7년여 계속된 유신체제가 더 이상 지속될 수 없을 만큼 이미 한계점에 온 것을, 역사가 그만큼 진전한 것을 내다보지 못하고 독재자의 자연수명을 근거로 역사를 전망하는 오류를 범한 것이다.

유신 때에는 대통령이 전체 국회의원의 1/3을 지명했는데, 일부 교수들이 유정회 국회의원이 되고 싶어 발표 때가 되면 전화기 앞을 떠나지 못한다는 말이 교수휴게실의 화제가 되기도 했다. 역사학을 전공한 덕택으로 유신체제의 반역사성을 알고 전화 기다리는 '바보'들 속에는 들지 않았다 해도, 명색이 역사학 전공자가 유신체제가 이

역사진행의 방향과 속도를 잘못 보는 역사학자, 역
사의 대열을 뒤따라가기에도 힘겨운 역사학자가 되
어버리면 십년공부 도로아미타불이 되고 만다.

미 한계점에 다다른 것을 미리 알지 못한 것은 역시 부끄러운 일이
아닐 수 없다.

전두환 군사정권 성립과 5·18광주항쟁 때는 이미 50대를 눈앞에
두고 있었다. 유신체제의 한계를 잘못 본 것 같은 부끄러운 경험들이
쌓여서인지, 역사 보는 눈이 조금은 덜 흐리게 되었다.

군사독재정권은 이른바 해직교수가 된 사람들에게 본래 있던 대
학이 아닌 다른 대학으로 가는 것은 허가하겠다 했고, 실제로 어느
대학에서 사람이 와서 그 학교로 오라 하였다. 해직교수 생활 4년으
로 인한 궁핍이 여러 면에서 심각하게 나타나고 있었지만 두말없이
거절하고 계속 버틸 수 있었다.

노태우 군사정권이 끝날 무렵에는 어느새 60대의 늙은 교수가 되
어 있었다. 노태우정권 후에는 더 이상 군사정권이 성립할 수 없음
만큼 우리 역사가 전진하였다는 것은 역사학 전공자가 아니라도 충
분히 알 수 있었다. 그리고 불행하게도 민주정권으로 넘어가는 과정,
즉 김영삼정권 성립과정이 혁명적이지 못하고 '신군부' 중심세력과
의 타협으로 가능해진 데서 오는 역사적 제약성이 있음을 파악할 수

있었다.

하지만 뒤이은 김대중정권의 성립 때는 해방 후 최초의 정권교체
라 보는 데 동의하면서 '구군부' 중심세력과의 연합에서 빚어진 제약
성을 제대로 내다보지 못했다.

이제 70대 늙은이가 되어 맞은 16대 대통령선거에서도 역사 보는
눈이 또 한번 흐렸음을 고백하지 않을 수 없다. 투표한 날 몇몇 친구
들과 저녁식사를 하는 자리에서 자연스레 선거결과를 전망하였는데,
노무현 후보의 당선 가능성을 반으로밖에 보지 못했다. 9시경 집에
돌아와서 텔레비전을 켰더니, 이미 노후보가 앞서가고 있었으며 이
후 한번도 뒤처지지 않고 당선되었다. 한마디로 우리 사회의 민주주
의 발달 정도를 제대로 모르고 있었던 것이라 할 수밖에 없다.

1990년대부터 일어나기 시작한 시민운동과 뒤이은 고속인터넷의
발달로 우리 사회의 참여민주주의가 얼마나 발달했는가를, 젊은 층
의 정치의식 및 역사의식이 얼마나 앞서가고 있는가를 잘 모르고 있
었던 것이다. 인터넷에는 거의 들어가 보지 못하고 겨우 노트북으로
원고는 쓰되 이메일로 보내는 일조차 남의 손을 빌리기 일쑤인 70대

노인으로서는 빨리 가는 역사를 제대로 따라가기조차 어렵게 되어
버렸다.

　역사학자에게는 역사진행의 방향을 누구보다도 먼저 알아내어야
할 의무가 있다. 역사의 대열이 잘못 간다고 판단될 때 혁명가나 정
치가처럼 대열 앞에 나서서 그 방향을 바꾸려 하지는 못한다 해도,
대열을 뒤따라가면서 잘못 감을 열심히 지적해 주어야 할 의무가 있
다. 역사진행의 방향과 속도를 잘못 보는 역사학자, 역사의 대열을
뒤따라가기에도 힘겨운 역사학자가 되어버리면 십년공부 도로아미
타불이 되고 만다. (2003. 1. 26)

우리 근·현대 지성사를 엮기 위하여

어느 민족사인들 그렇지 않을까만, 특히 우리 민족의 근·현대사는 흔히 파란만장함으로 표현된다. 세계사에서 우리 정도의 문화수준에 있었던 민족사회가 20세기 초에 타민족에게 강제 지배당한 예는 많지 않다. 중세까지의 아시아문화권에서 비교적 선진지역에 속했던 우리 민족사회가 근대로 오면서 유럽문화권이 아닌 같은 아시아문화권 일본민족에게 강제 점령당하면서부터 우리 지성사도 고난을 피할 수 없었다.

19세기 후반기부터 형성되기 시작한 우리의 근대적 지식인사회는 이후 전체 근·현대 사회를 통해 지성사적 노선과 역할이 크게 나뉘게 되었다.

19세기 후반기의 경우, 근대화는 주권독립과 함께 이루어질 때만 역사성을 가진다고 생각한 지

우리 민족사회의 경우도 이제 지식인들의
생각만이 정리된 사상사의 범위를 넘어서 그들의
생각과 행동이 함께 다루어진 지성사가
엮어질 만한 때가 되었다.

식인들이 있었던 한편 근대화를 주권독립보다 더 앞세우는 이른바 근대화 지상주의자 지식인들이 있었고, 후자들이 외세와 결탁하여 민족사를 불행 속으로 몰아넣고 말았다.

우리 근대 지성사의 최대 고난기였던 20세기 전반기 일제강점시대 역시 자신들의 역사적 존재가치를 민족의 해방과 독립에서 구해야 한다고 생각한 지식인들이 있었던 반면, 사회정의 구현이나 민족사적 과제의 해결보다 개인적 안전과 이익을 추구하는 데서 지식의 가치를 구하려 한 반민족행위자들이 있었다.

뒤이어 해방 후의 민족국가 건설과정에서도 통일민족국가 건설이 역사의 올바른 노정이라 인식하고 그것을 위해 최선을 다한 지식인들이 있었는가 하면, 제가 속한 계급과 개인적 이익을 위해 분단국가 성립에 앞장서거나 그것을 이론적으로 뒷받침한 지식인들 또한 있었다.

1960년대 이후도 공업화 및 경제발전에 국가운영의 최고 가치를 두고 정치적·사회적·문화적 그리고 경제적 민주주의 발전과 평화적 민족통일 문제를 뒷전으로 돌리는 지식인들이 있었는가 하면, 정치·사회·문화적 민주주의의 고른 발전과 평화통일의 진전에 역사발전 가치를 더 둘 뿐 아니라, 특히 경제적으로도 생산력의 성장과 함께 경제민주주의의 발전에 역사적 가치를 두어야 한다고 확신한 지식인들이 있었다.

19세기 후반기와 20세기에 걸친 이같은 고난기를 넘기고 우리 지성사도 이제 21세기의 출발점에 들어섰다. 지성세계가 추구하는 올바른 과제가 그 민족사적 과제와 다를 수 없으니, 21세기에 들어선 우리의 민족사 및 지성사적 과제는 역시 정치·경제·사회·문화적 민주주의의 고른 발전과 이제 겨우 일정한 궤도에 올라섰다고 생각되는 평화통일의 달성이라 하겠다.

민주주의 발전 문제는 19세기 후반기와 20세기 전체 시기를 통해서, 그리고 평화통일 문제는 20세기 후반기를 통해서 지성사적 면에서도 긍정적 역할이 없었던 것은 물론 아니다. 그러나 한편으로 많은 시행착오를 겪은 것도 사실이다.

21세기 우리 민족사는 20세기의 식민지시대적 잔재를 청산하고 분단시대적 갈등을 해소하면서 민주주의의 획기적 발전과 평화통일

달성을 최대 과제로 삼고 있으며, 우리 지성사가 그것을 위해 최선을 다해야 함은 더 말할 나위가 없다. 그러기 위해서 일제 강점시대와 분단시대로 이어진 지난 1세기 동안의 우리 지성사가 역사적으로 어떤 역할을 다해 왔는가를 되돌아보고, 더 북돋워야 할 부분과 반성해야 할 점을 선명히 구분할 수 있어야 할 것이다.

우리 민족사회의 경우도 이제 지식인들의 생각만이 정리된 사상사의 범위를 넘어서 그들의 생각과 행동이 함께 다루어진 지성사가 엮어질 만한 때가 되었다고 생각한다. 일제강점시대에 민족해방운동에 몸바친 그 행동을 뒷받침한 사상과, '해방공간'에서 통일민족국가 건설운동의 현장에 있었던 지식인들의 사상 그리고 이승만정권과 그후 군사독재정권 시기의 반독재 민주주의 운동과 평화통일운동에 헌신했던 지식인늘의 행동과 사상 등을 함께 엮어서 '근·현대 우리 지성사' 같은 것이 엮어져야 한다고 생각한다. (2001.1.5)

20세기 한국 10인의 지성사적 인물

『한겨레21』에서 창간 5돌 기념기획으로 전국의 인문·사회계 대학교수 300명에게 설문하여 20세기 우리 사회의 대표적 지성사적 인물 10명을 선정했는데, 그들은 유길준·신채호·이광수·백남운·홍명희·안재홍·김창숙·박종홍·장준하 등과 1980년대의 불특정 다수의 지식인이라고 한다.

우리의 근대 지성사가 아직 제대로 연구되고 정리되지 못한 상황이라서 이들 10인의 선정기준 및 타당성 여부 같은 것에 대해 무어라 한마디로 말하기는 어렵다. 그러나 어느 민족사회를 막론하고 한 시대의 지성사적 흐름은 당연히 그 민족사회의 역사적 흐름과 연결되게 마련이다. 가령 천재적인 인물에 의해 특출하고 특별한 생각이나 이론이 나왔다 해도 그것이 시대 및 역사의 흐름과 동떨어진 것이라면, 사실 그렇게 되기도 어려운 일이지만, 지성사적 평가를 받을 수는 없을 것이다.

20세기 우리 민족사는 전반기는 일제의 강제지배를 받은 시대였고, 후반기는 민족분단의 시대였다. 인물로 본 우리의 20세기 지성사는 쉽게 말해서 그 시기를 산 어느 한 사상가의 생각과 실천노선이 이 시기의 민족사적 과제로서의 민족의 해방과 평화적 재통일에 얼마나 부합되고 또 이바지하는 것이었는가, 그리고 인류사적 과제로서의 정치·경제·사회·문화적 민주주의 발전에 얼마나 부합되고 공헌하는 것이었는가 하는 기준에 의해 다루어져야 할 것이다.

20세기로 들어서는 시점에서 세계사적 발전과 연결되는 우리의 민족사적 과제는 국민주권주의를 이루고, 국가적 독립을 유지하며, 자본주의 경제체제를 이루는 일이있다고 할 수 있다. 이갇은 역사적 과제를 이루기 위한 방법론을 제시한 사상가들 중 누구를 대표적으로 꼽을 수 있는가 하는 문제가 있다.

20세기 우리의 역사적 현실에서 보면 그것은 개화파의 노선이면서도 국가적 독립론을 철저히 견지한 사상가에게서 찾을 수 있을 것

인물로 본 우리의 20세기 지성사는 쉽게 말해서
그 시기를 산 어느 한 사상가의 생각과 실천노선이
이 시기의 민족사적 과제로서의 민족의 해방과
평화적 재통일에 얼마나 부합되고 또 이바지하는
것이었는가,

이다. 유길준이 그 대표적 인물로 선정된 셈인데, 타당한 선정인가 생각해 볼 만한다.

20세기 전반기 일제강점시기의 지성사적 흐름은 반봉건 노선이면서 민족해방 노선에 선 사상가를 중심으로 이어져야 할 것임은 말할 나위가 없다. 신채호와 이광수는 우리 문화의 사대주의와 봉건주의에 대해 신랄하게 비판한 반봉건 노선에 선 대표적 이론가라 할 수 있다.

그러나 신채호는 민족해방운동 노선에 일관하다가 목숨을 바친 사상가인 데 반해, 이광수는 민족해방운동 전선에서 이탈했다가 결국 반민족적 노선으로 돌아서고 말았다. 이광수가 우리 민족사회의 20세기를 대표하는 10인의 지성사적 인물에 들어야 하는 이유를 역사학적 관점에서는 설명하기 어려울 것이라 생각된다.

일제 강점시대의 민족해방운동 노선에는 또 지주나 자본가계급 중심 노선 이외에 노동자·농민 중심 노선이 성립되었으며, 이 노선에서도 많은 실천가와 이론가가 배출되었다. 최초로 유물사관적 처지에서 우리 역사를 엮으려 한 백남운과 피지배계급을 역사의 중심

그리고 인류사적 과제로서의
정치·경제·사회·문화적 민주주의 발전에 얼마나
부합되고 공헌하는 것이었는가 하는 기준에 의해
다루어져야 할 것이다.

축에 두고 작품을 쓴 대표적 작가 홍명희가 선정된 것은 타당성이 높다고 할 것이다.

해방 후에 이들은 모두 학자 및 작가의 처지를 떠나서 정치가로 변신했는데, 그들의 지성사적 위치는 일제 강점시대의 활동에 근거한 것이라 할 것이다. 그럼에도 불구하고 아직도 민족분단이 계속되고 있는 상황 아래서, 이들이 20세기의 10대 지성사적 인물로 선정된 사실은, 그것 자체로 시대의 변화를 실감하게 하고도 남는다.

일제 강점시대의 민족해방운동 과정과 '해방공간'의 통일민족국가 수립운동 과정을 통해 양립되었던 좌익세력과 우익세력을 한데 묶어 좌·우익 통일전선을 구축하기 위한 방법론을 제시하고 또 실천했던 안재홍이 선정된 것도 타당하다고 생각된다.

다만 좌·우익 통일전선론을 제시한 좌익 쪽 이론가가 제대로 발굴되지 못해 선정되지 못한 점이 아쉬움으로 남는다. 해방 후의 민족분단 상황이 일제 강점시대의 지성사적 자산도 갈라놓은 결과라 할 것이다.

우리 사회에서는 또 근대로 오면서 중세시대 지성계를 독점하고 있던 성리학 중심 유교계가 어떻게 변모해야 하는가 하는 점, 특히 일제 강점시대의 민족해방운동 노선에서 유교적 지성계가 어떻게 작용해야 하는가 하는 문제를 이론화하는 일이 중요했다. 그런 만큼 일종의 유교개신론을 제시했고 민족운동 전선에서도 활동한 박은식 같은 사상가도 주목되어야 한다고 생각하지만, 이번 선정에 참가한 사람들은 전체 민족해방운동 과정에서 유교계를 대표하다시피 한 김창숙을 택했다. 그의 경우 해방 후 반이승만 독재정권론에서도 일정한 위치를 가진다고 할 수 있다.

한때 잡지 『사상계』가 해방 후의 우리 지성계를 대표하다시피 한 적이 있었다. 일제 강점시대의 우리 학문과 지성에 대해 그 독립성과 주체성을 인정하기 어렵다는 견해가 성립된다면, 우리의 민족적이며 주체적인 근대 학문과 지성은 어쩌면 해방 후 특히 6·25전쟁 후부터 뿌리내린다고 볼 수도 있다. 그 경우 『사상계』가 차지하는 위치는 더욱 커질 수 있을 것이며, 그것을 주도한 장준하의 지성사적 위치도 그만큼 커질 것이다.

더욱이 장준하의 경우 박정희정권 아래서의 반유신체제 운동에서도 뚜렷한 위치를 가진다고 할 수 있다. 유신체제의 반역사성을 지적하고 그 종식을 위해 치열하게 행동하기도 했지만, 특히 박정희정권의 7·4공동성명 발표 후에는 누구보다도 먼저 평화통일론을 적극적으로 폄으로써, 평화통일론이 이적론(利敵論)으로 인식되거나 다루어지던 당시 상황을 바꾸어놓는 역할을 다했다고 할 수 있다. 평화통일론이 정착하는 데 큰 몫을 다한 것이라 할 것이다.

박종홍이 20세기 지성사적 인물 10인 안에 든 것은 조금 의외이다. 그러나 한편으로 생각해 보면, 식민지배에서 벗어난 후의 민족사회에 인문과학의 뿌리가 내리게 하는 데 일정하게 기여한 대표적인 학자 및 지성인으로 간주된 결과가 아닌가 싶다.

그렇다 하더라도나 박정희 군사독재정권의 보좌역을 담낭한 경력과 20세기 우리 사회 사상사의 한몫을 차지하는 문제는 전혀 별개의 것인지 생각해 봐야 할 일일 것이다. 현실적으로 독재정권에 가담한 사실과 그 학문적 업적이 따로따로 평가될 수 있는 것인가라는 문제에 관한 역사학적 관점에 대해서는 이미 이 글의 앞머리에서 말한 바 있다.

특정인이 아닌 1980년대 지식인 일반을 20세기 10대 지성사적 존재로 둔 것은 대표적 특정인 한 사람을 가려내기 어려워서가 아닌가 한다. 역사의 흐름에 발맞춘 사람이면서도 한 사람으로 압축하기는 어려운 80년대 지성인이란 결국 반군사독재론과 평화통일론에 철저했던 사람이라 할 수밖에 없을 것이다.

그런 점에서는 80년대 지성인보다 시기적으로 약간 앞선 사람들이라 할 수 있지만 박종홍이 선정되고 함석헌·안병무 같은 사람이 빠진 것을 의외로 보는 시각도 있을 수 있을 터이다.

대학교수의 수가 2만~3만 명에 이르고 인문·사회과학계 교수도 원체 많은데, 그중 300명이 선정한 20세기 지성사적 인물 10인이 반드시 이 시기 우리 민족사회의 지성사를 대표할 만한 사상가들이라 할 수 있는가 할 때, 장담하기 어려운 면이 없진 않다. 더구나 우리의 근대 사상사 및 지성사가 거의 연구·정리되지 않은 시점에서는 더욱 그렇다고 하겠다.

이번 선정에서는 8·15 후 분단시대의 경우 남쪽 학자들만이 그 고려대상이 되었을 것이다. 남북 사이 학문적 성과의 교류가 완전히 단절되다시피 한 지금으로서는 어쩔 수 없는 일이기도 하다. 그러나 20세기 후반기의 우리 지성사는 남쪽의 학문적 성과만으로 성립되어서는 안 되며 반드시 남북을 통합한 지성사가 엮어져야 할 것이다. 이 경우 남북 학계 모두가 상대방 학문의 역사성을 인정하는 일이 먼저 이루어져야 함은 말할 나위가 없다. (1999. 3. 13)

외국인 아닌 외국인 서재필의 비극

전라도 동복에서 1863년에 태어난 서재필은 안동김씨 세도집안이던 서울의 양외가에서 자라 18세 때 과거에 급제함으로써 평탄하고 화려한 장래를 보장받았었다. 그러나 그의 운명은 외가에 출입하던 김옥균을 만나면서 그 방향이 바뀌기 시작했다. 김옥균의 개화사상과 지도력에 감화되고 그의 주선으로 일본에 가서 2년간 근대적 군사교육을 받은 서재필은 당연히 갑신정변에 참가했고 정변이 성공하자 20세의 약관으로 병조참판에 발탁되었으나 '3일천하'로 끝남으로써 전혀 기약 없는 미국 망명의 길에 올랐다.

미국 땅에서 품팔이로 전전한 끝에 의사가 되어 일단 생활의 안정을 얻었으나 청일전쟁 후 국내 정세가 바뀌자 그는 천신만고 끝에 개업한 병원의 문을 닫고 다시 조국에 돌아왔다. 귀국한 그에게 몇가지 벼슬자리가 권해졌으나 모두 거절하고 약 2년간 조국의 낙후된 민주주의의 기초를 닦고 독립정신을 고취하기 위해 민간인 자격으로 최초의 민간신문이라 할 수 있을 『독립신문』을 발행하는 한편 독립협회를 조직하고 독립문을 세웠다.

3·1운동 후에 발간된 우리말 신문들이 국한문 혼용으로 나온 것에 비하면, 1890년대에 발행된 『독립신문』이 한글 전용이었던 것은, 갑신정변의 실패가 일반민중의 성원이 박약했던 데 있었다고 회고한 서재필이 민중의 계몽만이 국가발전의 지름길이라 믿은 결과가 아닌가 한다. 그러나 아직도 보수세력의 압력은 완강했고 이를 견디지 못한 그는 결국 다시 미국으로 돌아갈 수밖에 없었다.

귀국해서 활약한 3년간의 공백 때문에 의사생활로 돌아가기 어렵게 된 그는 친구와 함께 인쇄업을 하여 상당한 돈을 벌 수 있었다. 그러나 일본의 식민지로 된 조국에서 3·1운동이 폭발하자 다시 제자이기도 한 이승만을 도와 미국에서의 독립운동에 헌신했다. 뒷날 그는 3·1운동 후 3년간의 독립운동에 시간과 재산을 모조리 바치고 사실상 파산상태가 되고 말았다고 회고하였는데, 이 점에서 그는 이승만의 경우와는 좋은 대조가 된다.

임시정부 대통령이란 명분과 위치를 가진 이승만의 경우 그 활동 자금의 대부분이 구한말에 미국의 노동시장으로 팔려간 교포들의 성금에 의해 조달되었지만, 서재필은 각고 끝에 이룬 자신의 재산을 독립운동에 모두 바치고 심지어 가족의 부양이 어려울 만큼 무일푼이 된 것이다.

일본의 패전으로 조국이 해방되었을 때 그는 82세의 고령이었다. 미군정청의 요청이 있자 그는 조국에 대한 마지막 봉사를 결심하고 1947년에 귀국하여 1년 2개월간 미군정의 특별 의정관으로 있었다. 그러나 갑신정변, 독립협회, 3·1운동을 통해 민족사의 핵심부에 위치했던 그는 정작 해방된 조국에서 외국인으로서의 처지를 실감하고 영영 외국인인 채 파란 많은 생애를 마치게 된다. 서재필의 비극은 갑신정변의 실패나 독립협회 및 3·1운동 후의 좌절보다 해방 후의 조국에서 더 크게 드러난 것이다.

1948년의 남북협상이 실패한 후 남한 단독선거로 제헌국회가 성립되고 이승만세력에 의한 단독정부 수립이 추진되자 반이승만세력의 일부가 서재필을 대통령으로 추대하려는 움직임을 보이게 된다. 이들이 서재필에게 수락을 요청하는 간원문(懇願文)을 보내고 '추대 연합준비위원회'를 조직하자 이승만 지지세력은 반대운동을 일으켰다. 이에 서재필은 "설혹 나에게 그 지위가 제공된다 하더라도 나는 그것을 수락하지 않을 것이다. 나는 미국시민이며 또한 미국시민으로 머무를 생각이다"라는 수락거부 소견을 발표하고 특별 의정관을 사임했다.

그가 미국으로 돌아갈 차비를 하자 개원한 제헌국회에서 그의 출국을 만류하는 움직임이 있었고, 정부수립 후 떠나기로 마음먹은 그는 단독정부일지라도 이승만과 김구, 김규식 세력 등이 연합한 정부가 되게 하려는 노력의 일단을 보였다. 그러나 김구, 김규식이 단독정무에의 참가를 서부했을 뿐만 아니라 이승만도 이를 반대하여서 성사될 수 없었다.

제헌국회에서 초대 대통령을 선출할 때 본인의 의도와는 상관 없이 서재필에게 투표한 의원이 있었고, 그가 외국인이라는 이유로 이 표가 무효로 처리되었다는 소식을 전해 들은 그는 "대한민국 국회가

나를 외국인으로 규정한 것은 당연한 일이라고 생각한다. 나는 조금
도 섭섭하게 생각하지 않는다"고 했지만, 평생을 두고 조국의 개혁과
민주주의 발전 및 독립을 위해 헌신한 그의 속마음이 어떠했을까 짐
작할 만하다.

이승만정권이 성립된 후, 어느 기자가 미국으로의 귀환을 만류받
으면 조국에 남을 생각이 있는가 하고 질문하자 서재필은 "국민이
나의 귀미(歸美) 중지를 원한다면 국민의 의사를 배반하는 것을 원
치 않는다"고 대답함으로써 속마음의 일단을 드러내 보이기도 했다.
이후 국회가 그를 대한민국 국민으로 환영한다는 결의안을 가결하
여 대한민국 국민임을 확인했으나 그는 결국 1948년 9월 인천항에
서 미국 군용선을 타고 미국으로 돌아갔고, 그의 조국이 민족상잔의
전쟁 속에 빠져 있던 1951년에 미국에서 파란 많은 생애를 마쳤다.

그후 독립유공자 포상이라는 것이 있었고 수많은 사람들이 포상
되었지만, 외국인이란 이유로 그는 여기에서도 제외되었다. 설령 포
상되었다 해도 외국인으로서의 포상일 수밖에 없었을 것이다. 웬만
큼 쓴 우리 근대사에서 서재필의 이름을 뺄 수는 없으리라 생각되지

만, 망명생활에서 취득한 국적 하나 때문에 그의 조국에서 영원한 외
국인이 될 수밖에 없다면 역시 비극이 아닐 수 없다.

늙은 역사학자의 눈물

8·15 57주년을 맞아 서울에서 열린 민족통일대회에 참가한 북녘 역사학자 허박사는 남녘의 웬만한 역사학자라면 그 이름을 알며, 그의 논문 몇 편을 읽었을 사람도 많다. 필자도 70년대에 일본에 갔을 때 그의 논문을 처음 읽은 것으로 기억된다. 일본에나 가야 북녘 학자들의 연구업적을 읽을 수 있었던 때가 어제 같은데, 지금은 평양에 가서 그들을 직접 만나기도 하고 또 서울에서도 만날 수 있게 되었으니 엄청난 격세지감이다.

6·15공동선언 때 처음 평양에 갔지만 그때는 허박사를 만나지 못했고, 그해 11월에 다시 가면서 만나고 싶은 학자명단에 당연히 그를 넣었다. 평양의 보통강여관에서 처음 만난 그는, 내가 그의 논문을 읽고 상상했던 그대로 깐깐하면서도

소탈하고 인간미 넘치는 전형적인 학자였다. 평생 같은 학문의 길을 걸은 동년배라 그런지, 오랫동안 서로가 다른 체제 아래서 살아온 처지인데도 그리고 처음 만남인데도 오랜 지기처럼 전혀 스스럽지 않았다.

작년 3월에도 평양에 가서 만나고, 6월에는 금강산 6·15공동선언 1주년 기념식에 가서 혹시 왔을까 하고 기대했다가 다시 만났을 때는 얼싸안지 않을 수 없었다. 헤어지면서 언제 또 만날 수 있을까 했는데, 서울서 열린 2002년 민족통일대회에 허박사가 참가했고 독도 영유권 문제를 두고 함께 주제발표까지 했으니, 이젠 우정을 넘어 민족문제를 위한 학문적 동지가 되었다고 할 수 있겠다.

시민운동 차원에서 이루어지는 민족통일대회에 주제발표를 하러 왔지만, 허박사가 정작 만나고 싶어하는 사람은 역시 남녘 역사학자들이겠기에 급히 몇 사람을 대회장에 오게 하여 만나게 했다. 그중에서도 평양에서 처음 만났을 때 허박사가 안부를 물었던, 이름을 말하면 모두 알 만한 남녘 김박사와의 만남은 정말 인상적이었다.

지금 남북 역사학계의 대표적 학자들이라 해도 괜찮을 김박사와

허박사를 아쉽게 보내고 자리에 앉은 김박사의
눈에서는, 대부분 제자뻘인 남녀 학자들의 시선에
개의치 않고 다시 눈물이 흘렀다.
고희를 넘긴 노학자들의 기약 없는 이별이
눈물로 될 수밖에 없었는지 모른다.

허박사는 전공분야와 나이가 비슷하고, 깐깐한 전형적 학자풍인 점
도 같으며, 심지어는 키까지도 비슷하다. 아마 민족이 분단되지 않았
으면 그들은 평생을 두고 둘도 없는 학문적 동료요, 동지요, 지기가
되어 함께 활동했을 것이다. 정년 후에도 연구실에만 묻혀 사는 김박
사가 모처럼 어려운 나들이를 한 것은, 한번도 못 만나고 연구논문을
통해서만 알고 있었지만 누구보다도 가까운 동학(同學)일 수밖에 없
는 허박사를 만나기 위해서였다.

젊은 시절 민족사의 현장에 섰다가 호된 시련을 겪고 연구실에 파
묻혀 오로지 학문에만 정열을 쏟았던 김박사가 허박사를 만난 것은
2002년 민족통일대회 현장이었고, 그 때문에 그도 잠시나마 대회 참
가자가 되고 말았다.

남북 젊은이들이 함께 어울려 주먹을 휘두르며 "조국통일"을 외치
는 현장을 보고 세상이 얼마나 변하고 있는가를, 민족문제가 얼마나
진전되고 있는가를 실감했을 것이다.

직접 보지 못했지만, 그는 눈시울을 적셨다고 한다. 열띤 민족사의
현장에서 흘리는 늙은 역사학자의 눈물이야말로 진실이요, 감격 그

것일 수밖에 없을 것이다.

전체 분단시대를 통해 서울에서는 처음 이루어진 남북 역사학자들의 단출한 만남은 안타깝게도 두어 시간밖에 허용되지 않았다. 허박사를 아쉽게 보내고 자리에 앉은 김박사의 눈에서는, 대부분 제자뻘인 남녘 학자들의 시선에 개의치 않고 다시 눈물이 흘렀다. 피붙이도 아니고 한 사람의 동학일 뿐인데도, 그에게는 북녘 허박사와의 이별이 그만큼 절절한 것이었다. 고희를 넘긴 노학자들의 기약 없는 이별이 눈물로 될 수밖에 없었는지 모른다.

그러나 결코 그것만이 아니다. 역사학자 김박사의 눈물에는 어느 분야의 연구자들보다 정확하게, 그리고 절실하게 인식되어 있는 분단민족의 한과 아픔이 배어 있다. 역사학이야말로 어느 학문보다도 분단민족의 상처를 속속들이, 그리고 아프게 체득할 수 있는 학문이다. 그 때문에 역사학 전공자들의 평화통일 염원은 그만큼 간절하게 마련이다. 김박사와 헤어져 북으로 간 허박사의 눈시울도 분명 젖었을 것이다. (2002. 8. 23)

정재각 선생님과 나

남사(藍史) 정재각 선생님을 처음 만나뵌 것은
6·25전쟁중이던 1952년 대구에서였다. 그해에
고려대학교 사학과에 입학해서 선생님을 만나뵙
게 되었는데, 당시 고려대학교는 대구로 피란을
가서 원대동에 가교사를 마련해 있었다.
너무 오래된 일이라 선생님에 대한 첫인상은 그
다지 분명하지 않지만 그때 39세이던 선생님은,
그때뿐 아니라 평생을 두고 그랬지만 무뚝뚝하
고 말수가 대단히 적은 전형적인 경상도 선비타
입이었다.
선생님은 중국 고대사 전공이셨고 나는 한국 근
대사 전공이라 직접 지도교수로 모실 수는 없었
지만, 선생님의 25사 식화지 강독에서는 사료해
석의 진수를 배울 수 있었고, 비트포겔의 '아시
아 전제주의' 강독은 역사 보는 눈을 넓히는 데

크게 도움되었다. 식화지 강독시간에 준비해 온 학생이 없으면 강의를 안 하시고 그냥 나가시는 경우가 있어서 학생들이 전전긍긍했다. 내가 선생이 된 후 그같은 권학법을 써보려 했으나 잘 되지 않았다.

나는 운좋게도 고려대학교 사학과 졸업생으로는 처음으로 모교의 전임교원이 되었는데, 모두 나의 선생님인 현직교수님들이 신임 제자교수의 환영회를 열어주는 자리에서 나를 빼고는 최연소 교수이던 김준엽 선생님이 권하는 술을 모두 받아마시고 잔뜩 취해서 거의 인사불성이 되어버렸다. 어떤 실수를 했는지 기억조차 전혀 할 수 없었다.

다음날 정재각 선생님이 부르셔서 갔더니 본래 말수가 적은 분이라 두말하시지 않고 "우리가 사람 잘못 선택한 것 같아" 하시는 것이었다. 정말 쥐구멍에라도 들어가고 싶은 심정이었다. 고대 교수로 30여 년 근무하고 정년이 될 무렵에야 안 일이지만, 내가 졸업생 중 최초로 모교의 전임이 된 데는 정선생님의 도움이 컸던 것 같은데, 초임에 그런 꼴을 보여드렸으니 얼마나 실망하셨을까. 지금 생각해도 모골이 송연해진다.

정재각 선생님은 사학과 교수 중에서도 김학엽 선생님과 특별히 친하셨다. 두 분이 자주 함께 당시로서는 꽤 '저속'하다고 일컬어지던 국산영화를 즐기시는 일은 교내의 공공연한 비밀이었다. 그 무렵은 구제 박사학위제도가 없어지고 신제 박사학위제도로 넘어가는 과정이었고, 신제 박사의 지도요건을 갖추기 위해 기성 교수들에게 가능하면 구제 학위를 받도록 했다. 그러나 어학시험은 말할 것 없고 학위심사도 대단히 엄격했다.

정재각 선생님이 대학원장이실 때 김학엽 선생님이 박사학위를 취득하기 위해 독일어를 제2외국어로 택하고 시험을 치셨다. 출제자는 사학과 출신으로 김학엽 선생님에게 독일어 강독을 수강했던 제자이면서 전공을 바꾸어 독문학과 교수가 된 허발 교수였다. 신식 출제방법으로 낸 독일어 시험에서 김학엽 선생님이 낙방하셨고, 사후에 알고 놀란 허발 교수가 대학원장 정재각 선생님을 찾아가서 채점을 다시 하겠다고 사정을 했다.

그러나 정선생님은 채점 다시 하겠다는 허교수를 야단치고 들어주지 않으셨다. 김학엽 선생님의 박사학위 취득은 늦어질 수밖에 없었고, 두 분 사이는 자연 서먹해지게 되었다. 두 분 사이가 멀어지는 것이 안타까워서 여러모로 화해하시게 노력했으나 잘 되지 않았다.

내가 정선생님께 "그렇게 친하시던 두 분 사이가 서먹서먹하게 되셨는데, 거의 유일하던 친구를 잃고 외로워서 어찌 하시렵니까." 했더니 예의 무뚝뚝한 말솜씨로 "사람은 본래 외로운 존재야" 하셨다.

전두환 군사독재정권이 들어서는 과정에서 나는 이른바 해직교수가 되었고, 정년 후의 정선생님은 동국대학 총장을 거쳐 정신문화연구원장이 되셨다. 어느 날 실업자가 된 나를 부르시기에 갔더니 연구비를 마련해 놓았으니 받아서 생활에 도움이 되게 하라는 말씀이었다. 그 생래의 무뚝뚝함 속에 숨어 있는 자상함을 또 한번 느끼고 감사하지 않을 수 없었으나 거절할 수밖에 없었다.

내난이 죄송한 일이지만, 선생은 어려운 처지에 있는 제자를 위해 특별한 배려를 할 수 있고, 그것이 받아들일 수 없는 것일 때 제자는 서슴없이 거절할 수 있음으로써 오히려 진정한 사제관계 및 인간관계가 성립될 수 있는 것이라 자위했다.

군사정권 아래서 정신문화연구원장 하신 일이 마음에 걸리셨던지

언젠가 무슨 말 끝에 "나야 권력과 타협한 허물이 있지 않은가" 하신 말을 들은 기억이 남아 있다.

정선생님을 50년 동안이나 곁에서 지켜보아 오면서 나름대로 생각해 보면, 선생님은 만년의 몇 년을 빼고는 가정적으로 좀 '불행한' 분이었다는 생각이다. 지방의 이름 있는 반가(班家)에서 태어나 집안사정에 따라 어릴 때 연상의 사모님과 조혼하셨는데, 당시 조혼한 지식인들 중에는 초혼 부인을 버리고 이른바 신식여성과 재혼하는 사람들이 많았지만, 선생님은 그렇게 할 수 없는 분이었다고 할 수 있다. 그래서 평생 병약하셨던 사모님이 돌아가실 때까지 해로하셨다. 언젠가 한번 가정문제가 잠깐 화제가 되었을 때 "운명이니까" 하고 체념하시는 말을 들은 기억이 있다. 아마 평생 그렇게 생각하고 사신 것이 아닌가 한다.

선생님이 동국대학교 총장으로 계실 때의 어느 날이다. 무슨 일 때문에 성북동 댁에 갔다가 선생님 내외분과 총장 차를 함께 타고 나오게 되었다. 총장 부부동반 연회에 참석하기 위해 사모님과 함께 가시는 길이었는데, 아마 조금 불안하신 것 같았다. 사모님께 "연회에 가서 될 수 있으면 말을 많이 하지 말고, 잘 모르는 말이 나오면 그저 웃고만 있으면 된다"고 말씀하셨다. 일제시대 조선 유일의 최고학부였던 경성제국대학 출신으로 대학총장이 되었으면서도 '구식' 부인과 해로하시는 선생님의 고충 같은 것을 느낄 수 있었다.

다른 곳에서도 몇 번 말했지만, 선생님은 내가 만나본 사람 중에서는, 이런·말이 있는지 모르지만 '자기통제력'이 가장 높은 분이었다고 생각한다. 그런 사람이면 대체로 깊은 정이 그다지 느껴지지 않게 마련인데, 그렇지 않은 점이 또한 정선생님의 특징이 아니었던가 한다. 선생님이 모든 공직에서 은퇴하신 후 친구 두엇과 함께 선생님을 모시고 여행을 몇 번 했다. 당신의 여비를 우리가 부담하는 것이 마음에 걸려서 돌아올 때는 반드시 작은 물건이라도 사서 나누어주시는 그런 분이었다.

선생님과의 마지막 여행은 돌아가시기 3개월 전에 했던 전라도 지방의 거문도와 백도 여행이었다. 전에 없이 노쇠해 보여서 안타까워하면서도 다음 여행은 선생님이 못 가보셨다는 홍도로 가기로 정했었으나, 결국 홍도여행은 못하시고 돌아가셨다. 입원하셨다는 소식을 듣고 병원으로 달려갔더니 마침 휠체어를 타고 여러 사람의 전송을 받으면서 퇴원하시는 길이었는데, "내가 스타가 된 것 같군" 하고 농담하신 것이 마지막 들은 선생님의 음성이 아니었던가 한다. 위독하시다는 연락을 받고 다시 갔을 때는 이미 말문을 닫은 후였다. 몇 년 전부터 암을 앓으셨는데도 전혀 내색하지 않으셨던 것이다.

정선생님은 즉석연설 잘하시기로 이름났고, 문장 역시 간결하면서도 명문이었다. 환갑을 맞으셨을 때 신근재 형과 함께 문집을 만들어 드렸던 기억이 난다. 평소 가깝게 지내시던 이홍직 선생님이 돌아가셨을 때 정선생님이 쓰신 추도문을 읽고 "선생님은 그런 명추도문을 받으실 수 없을 것 같으니 손해십니다" 했더니 추도문 운운이 듣기 싫으셨는지 "안 죽으면 될 것 아닌가" 하셨다.

결국 선생님의 추도문을 글 짧은 내가 쓰게 되었으니 죄송한 마음 금할 길 없다. 저승 가시는 길에 들으시고 "겨우 그 정도냐" 하시면서도 흔쾌히 받지 않았을까 생각하면서, 선생님의 명복을 다시 빌어 마지않는다. (2002. 10. 31)

러시아 지식인의 고민

1970년으로 기억된다. 일본 도쿄대학에 들렀다가 그 식당 벽에 붙은 시베리아 경유 모스크바행 관광단 모집광고를 보고, 우리로서는 생각조차 할 수 없는 전혀 다른 세상의 일로만 생각되었다. 그러나 역사는 변해서 그로부터 26년이 지난 후, 모스크바와 지금은 이름이 바뀐 레닌그라드와 그 근교의 푸슈킨시 등지를 다녀올 수 있었다. 이제 겨우 5년을 남겨놓은 20세기는 인류사상 최초로 혁명에 의해 사회주의 국가를 성립시킨 세기였다. 그후 2차 세계대전을 겪으면서 사회주의 국가체제는 동유럽 지역과 중국·베트남·북한 등지로 확대되었고, 이같은 추세에 따라 반드시 유물사관적 입장에 서지 않은 역사가라 해도 20세기가 자본주의 체제와 사회주의 체제가 교체되는 시발점이 되리라 전망하는 경우가 많았다.

그런데 그 국가사회주의 체제가 불과 70여 년 만에 동유럽 지역에서부터 와해되기 시작하여 종주국 소비에트연방이 무너지고 중국도 겉틀만 유지된 채 속은 변해 가고 있다.

20세기를 산 역사학 연구자로서 소비에트연방이 무너진 뒷자리를 가보고 싶은 마음 간절했으나, 웬일인지 좀처럼 기회가 오지 않았다. 한때는 출발날짜까지 정했다가 러시아의 의회건물이 포격되는 '내전'이 벌어지는 바람에 포기하기도 했다. 이번에는 만사를 제치고 가보았더니, 우리 유학생만도 벌써 1천 명이 넘었다 하고 모스크바나 옛 레닌그라드의 호텔에서는 서로 쑥스러울 정도로 한국인 관광객을 자주 만날 수 있었다.

남보다 늦은 불과 10일간의 짧고도 사사로운 여행이었으나, 다행히도 마르크스·레닌 관계 문서와 우리 민족해방운동과 깊은 관계가 있는 코민테른 문서가 잘 보관되어 있는, 지금은 러시아 현대사 문서보관 및 연구센터로 이름이 바뀐, 옛 소련공산당 중앙위원회 문서보관소를 볼 수 있었다. 그리고 그곳 소장을 비롯한 두 부소장과 어울려 서울 맛과 전혀 다르지 않은 한국음식점에서 하루 저녁 보드카 술

러시아의 고민은 혁명으로 수립한 국가사회주의 체제가 무너졌다는 사실 못지않게 그 확실한 대안이 무엇인가를 찾지 못하는 데 있는 것이 아닌가 생각되었다.

잔을 나누면서 방담하는 기회도 가졌다.

모스크바대학에서 철학강의도 한다는 40대 후반의 호탕한 성격의 소장은 러시아가 당면한 처지를 말하면서 "낡은 집을 수리하면서 못 쓰게 된 부분부터 차근차근 수리하지 않고 한꺼번에 집 전체를 허문 후, 새로운 자재가 아닌 허문 집의 헌 자재로 다시 집을 지으려 하지만, 집은 짓지 못하고 사람들만 길거리에 나서게 된 상태"라고 자조적인 비유를 했다.

자부심을 가졌던 하나의 체제가 어이없게 무너진 후의 허탈감과 반성 같은 것이 적절히 그리고 재치 있게 표현된 비유라 생각되었다. 그의 말을 받아서 지금의 대안이 결국 자본주의밖에 없다고 확신하는가 또 그것이 성공할 수 있다고 믿는가 물어보고 싶었으나, 어쩐지 잔인한 질문 같아서 망설이고 있는데, 농행 가운데 한 사람이 사회주의는 이제 완전히 끝났다고 생각하는가 하고 직설적인 질문을 했다. 그는 약간 어눌해지면서 사회민주주의의 가능성을 생각하는 것 같은 대답을 했다.

소비에트연방이 무너진 지 5년이 지난 지금의 러시아에는 레닌그라드가 다시 페테르스부르크로 되는 변화가 있은 것은 사실이지만, 스탈린은 철저히 '숙청'된 데 비해 레닌은 아직 '건재'한 것으로 보였다. 그의 묘소는 여전히 위병들이 자아내는 엄숙한 분위기 속에서 관람되고 있었으며, 있을 만한 곳의 동상도 그대로 서 있었다. 레닌배지도 20~30종류는 쉽게 수집할 수 있을 정도로 많았고 또 인기도 있었다. 나팔소리와 함께 진행되는 혁명의 군함 '오로라호'의 하기식도 볼 수 있었고, 레닌역이나 레닌동산의 이름도 그대로 있었다.

역사를 앞장서 가는 '사회주의 조국'이라 자부하면서 세계 양대 강국의 하나로 실재했던 나라가 하루아침에 그 모든 것을 잃고 뒤늦게 서툰 자본주의를 배워야 하게 되었으니, 의식 있는 지식인은 물론 국민 개개인이 허탈감에 빠질 만도 했다.

술잔을 들고 러시아가 하루빨리 부강한 나라가 되기를 기원한다는 건배사를 했지만, 러시아의 고민은 혁명으로 수립한 국가사회주의 체제가 무너졌다는 사실 못지않게 그 확실한 대안이 무엇인가를 찾지 못하는 데 있는 것이 아닌가 생각되었다.

대학을 살리는 길

세계사가 20세기의 마지막 10년대에 접어들고 있는 시점에서 한국은 바야흐로 선진국으로 진입한다는 희망에 부풀어 있는 것 같다. 그러나 우리가 몸담고 있는 대학문제에 초점을 맞추어 보면 이 희망은, 좀 지나친 표현이 될지 모르지만, 아무래도 허망이라 말할 수밖에 없지 않을까 한다.

유수한 대학의 총장들이 "개인적 치부가 아닌" 학교재정 확보를 위해 부정입학을 감행했다가 추상같은 검찰권에 의해 구속되는 장면이 만천하에 공개되는, 세계 대학사에 유례가 없을 일이 몇 번씩 벌어지는 나라가, 그래도 선진국으로 진입할 희망에 부풀어 있다니 놀랍다 못해 한심하기 짝이 없다고 말하면 심한 표현이 될까.

더구나 이런 상황에서도 정부당국은 실효성 있

는 방안을 강구하지 못하고 총장 구속으로 그 위신을 세우면서 상대
적으로 대학의 위신만을 땅에 떨어뜨리는데도 대학에 몸담고 있는
그 많은 두뇌들은 자구책 하나 강구하지 못한 채 묵묵부답 속수무책
이니, 대학을 이 지경으로 만들어놓고도 나라가 선진국으로 진입할
수 있는 것인지 우리의 상식으로는 아무래도 이해하기 어렵다.

  너무 원론적인 말이 될지 모르지만, 진리를 추구하고 미래의 일꾼
을 양성하는 대학은 그 사회의 어느 부분보다 허위가 없는 진실한 곳
이어야 한다. 그렇기 때문에 비록 재정확보책이란 명분이 있다 해도
한치의 부정한 처사도 있을 수 없는 곳이 대학이며, 이 때문에 부정
입학에 대한 국민적 지탄도 거세지 않을 수 없었다. 그러나 각 대학
들, 특히 사립대학들이 현실적으로 재정적 곤란을 받고 있는 것 또한
사실로 알려져 있으며, 한때 기부금입학 등이 논의되기도 했으나 실
현되지 않았고 현재로서는 묘책이 없는 것도 사실이다.

  예정했던 액수보다 10% 이상의 세금이 더 걷히고 지구상의 몇 나
라밖에 가지지 못한 고속전철을 착공하려는 나라에서, 호화생활 과
소비에 들뜬 인간들이 판을 치는 나라에서, 대학들이 재정확보를 위

해 공정해야 할 학생선발에 부정을 저지르고 그 때문에 총장과 보직 교수들이 구속되고 형을 살아야 하는 이런 상황 속에서, 대학을 살릴 수 있는 길은 무엇이겠는가. 진지하게 생각해 보지 않을 수 없다.

그러나 결코 상식 이하일 수도 그 이상일 수도 없는 것이 바로 대학문제라는 인식이 중요하며, 사립대학의 경우 무엇보다도 재단들이 재원을 더 마련해야 한다는 것이 상식이다.

사회가 교육기관 설립자를 존경하는 이유는 다른 곳에 있지 않다. 그들이 근검절약하며 깨끗하게 번 돈을 교육기관 설립을 통해 지속적으로 사회에 환원하기 때문이다. 따라서 사립교육기관이라 해도 그것은 결코 사유물일 수 없으며, 그 때문에 어느 재단이 제 힘으로 대학을 제대로 운영할 수 없게 되면 그 운영권을 능력 있는 다른 재단에 흔쾌히 넘겨야 함도 상식일 수밖에 없다. 부정입학의 원천적 책임이 대학재정을 파탄에 빠트린 재단에 있음 또한 상식이다.

어느 재단이 대학을 원만히 운영할 능력이 없어졌는데도 대신 맡을 만한 재단이 없는 경우, 결국 정부가 운영을 전담하는 수밖에 없다. 사립대학이 국립으로 전환되는 경우 그 간섭 때문에 대학자율성

재정운영에 어두운 부분이 있고 없음이 문제가
아니라, 진리탐구의 마당으로서의 대학은,
교육기관으로서의 대학은, 공개되지 않는 부분이
없어야 한다는 점이 중요하다.

의 붕괴가 우려되기도 하지만, 지금 우리 사립대학에 대한 정부간섭
이 선진국 국립대학들의 그것보다 덜하지 않음도 상식이다.

문제는 국립 여부에 있는 것이 아니라, 정치문화와 대학문화의 수
준과 대학인의 자세이다. 우리의 통념으로는 재정이 부실한 사립대
학의 국립화가 엄청난 변혁으로 여겨질지 모르지만, 재정확보를 위
해 총장이 구속되어도 이런 수준의 변혁이 논의되지 않는다는 점에
오히려 우리 대학사회의 불행이 있다고 생각할 수는 없을까.

한편 우리의 생각을 조금 누그러뜨려 보면, 재정이 부실한 대학의
국립화만이 능사가 아니며, 사립대학 재단들 중에는 그 재정을 당장
획기적으로 회복할 재력과 능력은 없다 해도 본래의 건학정신만은
건전했고 그 건학정신을 계속 발전시킴으로써 오히려 대학문화의
다양화와 활성화에 이바지할 만한 경우도 전혀 없는 것은 아니다. 이
런 경우 사립대학으로서의 위치를 지키면서 정부보조를 더 받거나,
같은 교육이념을 가진 다른 유산자의 투자를 유도하여 절대 부족한
교원수를 늘리고 연구시설과 기자재를 더 갖추어 연구와 교육의 질
을 높일 수도 있다.

그러나 여기에는 반드시 전제되어야 할 문제가 있다. 제가 운영하는 대학의 재정상태가 어려우면 어려울수록, 정부나 다른 유산자의 보조와 투자가 절실하면 할수록, 그 곤란한 재정상태를 명명백백히 공개하는 일이 앞서야 한다는 사실이다. 지금도 우리 학생들 중에는 등록금 마련을 위해 은행융자를 받는 이들이 많고, 심지어 방학을 이용하여 토목공사장에서 서툰 노동을 하다가 목숨을 잃는 처절한 실례도 있다.

이런 등록금으로 운영되는 대학들이 그 재정을 떳떳하게 공개하지 않은 채 재정확보를 이유로 부정입학을 자행했다가 총장들이 구속되고, 논의되는 대책이라는 것이 고작 기부금입학제 운운 정도라면 그것이야말로 자가당착이 아닐 수 없다. 재정운영에 어두운 부분이 있고 없음이 문제가 아니라, 진리탐구의 바탕으로서의 대학은, 교육기관으로서의 대학은, 공개되지 않는 부분이 없어야 한다는 점이 중요하다. 대학재정난 타개의 출발점은 바로 그 재정을 떳떳하게 공개하는 데서 시작되어야 함을 강조하지 않을 수 없다. (2000. 11. 9)

대학총장 자리를 다시 생각한다

일제 식민지시대에는 남북을 합친 전체 한반도에서 대학이라고는 경성제국대학 하나밖에 없었고, 이 대학에 조선인 교수는 한 사람도 없었던 것으로 알고 있다. 해방 직전의 어느 신문에 지금은 북에 가 있는 이승기 공학박사가 조선사람으로는 처음으로 일본 교토(京都)제국대학의 정교수가 되었다는 기사가 실린 것을 보면 조선사람 대학교수도 몇 사람에 불과했던 것 같고, 대학총장은 물론 한 사람도 없었다. 이렇듯 일제시대에 고등교육이 부진했던 것은 식민지 우민정책의 결과였다.

8·15해방은 이같은 우민정책을 청산하고 고등교육의 문을 활짝 여는 계기가 되었지만, 대신 단시일에 대학이 급증함으로써 교육의 질이 떨어진 것도 사실이다. 물론 일제시대에도 인격적

으로나 학문적으로 대학교수나 대학총장이 될 만한 사람들이 상당수 있었다. 그러나 식민지적 상황 때문에 되지 못하였다가, 이들이 남북을 막론하고 해방 후 상당 기간 대학교수와 대학총장의 자리를 감당해 나갔다고 할 수 있다.

해방 후 1세대 대학교수들은 박사학위는 물론 석사학위도 못 가진 분들이 많았으나, 학문적·교육적 성실성이나 특히 인격 면에서 나름대로의 특징을 가지고 그 위치를 확실히 지키면서 학생들로부터 존경받는 분들이 많았다. 특히 대학총장 자리를 맡은 분들은 분단체제라는 제한된 조건에서나마 당시의 사회 일반이 모두 잘 알고 존경할 만큼 일정한 학문적·사회적 위치를 가진 분들이 많았다.

지금은 대체로 해방 후에 배출된 2세대 내지 3세대 학자들이 교수가 되고 총장이 되어 있지만, 우리나라의 경우 대학 교수나 총장은 단순한 월급쟁이가 아니라, 극히 일부분에서나마 민족문제 해결에 이바지하고 사회정의를 실현하려는 일종의 지사적(志士的) 냄새가 아직은 조금 남아 있어서 그것이 부담이 되기도 하고 또 약간의 긍지가 되기도 한다고 할 수 있다.

대학의 역사가 깊은 유럽의 경우 이름 있는 대학의 총장취임사는 그 나라의 교육정책과 문화정책을 좌우할 만큼 영향력이 크다고 하는데, 우리의 경우도 중요한 대학의 총장취임사는 신문들이 거의 전문을 소개할 만큼 대우해 주고 있다.

그런데도 불구하고 최근에 와서 우리 사회의 대학총장이 갖추어야 할 조건은 학문적 권위나 인격적 완성도가 아니라, 대학 경영상의 기술적 능력이나 운영기금 확보능력 등이 필수적인 것으로 급격히 변해 가고 있음을 볼 수 있다. 특히 사립대학의 경우 경영이 어렵다는 이유로 그런 경향이 두드러지고 있다. 조금 극단적으로 말하면 설령 총장취임사를 제 능력으로 쓸 수 없어 남의 손을 빌릴지라도 운영자금만 많이 확보할 수 있다면 얼마든지 총장이 될 수 있다는 생각이 일반화하고 있는 것이 아닌가 걱정된다.

작금에 와서 대학총장이 선출제로 된 것은 대학의 민주주의를 활성화시키자는 데 그 본의가 있었다. 그러나 선출제로 바뀐 이후 총장 곧 '자금마련꾼'의 경향이 더 두드러지고 있다면, 이거야말로 본말전도가 아닐 수 없다. "자본주의 사회에서 대학재정이 어려운 경우 그

럴 수밖에 없다. 선진국 미국의 경우를 보라. 우리도 뒤늦게나마 그
렇게 되어가는 것이 다행이다. 돈이 있어야 학문도 있고 인격도야도
있다"고 말할 수 있을지 모르겠다. 그러나 사립대학의 경우 운영자
금을 마련해야 할 책임은 당연히 재단에 있다. 세상이 왜 대학설립자
들을 존경하는가. 그들이 육영사업을 위해 재산을 바치고 그 운영자
금을 조달하기 때문인 것이다. 그럴 능력이 없어지면 재단은 당연히
다른 능력자에게 넘겨져야 하고 능력자가 더 없다면 결국에는 국가
가 운영을 맡아야 한다.

재단이나 정부는 뒷전에 앉아 있고 총장만이 '자금마련꾼'이 되어
장사꾼처럼 갈 곳 못 갈 곳, 만날 사람 안 만날 사람 가리지 않고 헤
매다가 졸업식장에서만은 점잖게 가운을 입고 석·박사학위를 수여
한다면, 아무리 자본주의 사회라 해도 꼴사나운 일이 아닐까. '자금
마련꾼' 총장이 각종 학위를 주는 최고책임자라면, 그 학위의 권위를
위해서 불행한 일이 아닐 수 없다.

최근 어느 대학의 총장이 국적이 어떻다 하여 신문지상에 오르내
리더니 일부 교수들과 맞고소를 했다는 말이 있었다. 또 검찰이나 전

문 수사기관에서도 거론하지 않고 있는 문제를 어느 대학총장이 국내외로 다니면서 포설하여 세상을 떠들썩하게 하는가 하면, 유수한 대학의 총장들이 또 줄줄이 그것을 지지했다는 사실이 언론매체를 통해 크게 보도되었다. 그런가 하면 검찰은 그 말이 확실한 증거가 없는 것이라 발표했고, 그 총장이 속한 교단에서는 금언령인가 소환령인가를 내렸다고 한다.

아무리 세상이 바뀌고 대학교수도 하나의 월급쟁이가 될 수밖에 없다 해도, 교수들의 대표라 할 수 있을 대학총장이 할 일이 이런 일들일까. 개탄하지 않을 수 없다. 평생을 대학에 몸담아 온 한 사람으로서 무거운 책임감을 느끼면서도, 대학총장이란 자리가 왜 이렇게 되어버렸는지 그 원인을 한마디로 말할 수 없는 것이 더욱 안타깝다. 혹시 인격이나 학문보다 '자금마련꾼'이 되어야 한다는 요즈음의 대학총장관이 가져온 하나의 결과가 아닐까 생각해 본다.

지식대중화에서 정보대중화로

널리 알려진 말이지만, 헤겔은 역사라는 것은 자유의 확대과정이라 했다. 그는 정치적 자유에 더 무게를 두고 말한 것 같으나, 그 말을 요즈음 사정에 맞게 좀더 구체적으로 말해 보면 역사란 정치·경제·사회·문화적 자유의 확대과정이라 할 수 있으며, 그것은 또한 민주주의의 확대과정이라 말할 수 있을 것이다.

역사가 자유의 확대과정이라면, 그에 앞서 무엇이 인간을 자유롭게 하는가를 아는 일이 중요하다. 인간의 자유를 확대시켜 나가는 원동력의 하나는 지식이라 말할 수 있다. 지식의 확대과정이 자유의 확대과정과 연결되고, 그것이 바로 역사를 발전시키는 원동력의 하나가 된다고 할 수 있는 것이다.

인간역사의 전근대시대까지는 지식의 습득이나

전제군주제도가 무너진 근대사회에서도 일부
독재체제가 유지된 원인은 여러 가지로
말할 수 있겠으나, 근대사회로 오면서 지식의
자유화 · 대중화는 상당히 이루어졌다 해도

전달이 전체 인구의 10%에도 훨씬 못 미치는 극소수의 지배층에게 만 한정되어 있었다. 따라서 그들만이 정치 · 경제 · 사회 · 문화적으로 자유로웠고, 지식을 가지지 못한 나머지 대다수 인간들은 총체적으로 부자유스러웠다.

인간의 역사가 중세를 벗어나서 근대로 온다는 것은, 헤겔이 말하는 모든 사람이 자유로워진다는 것은, 지식이 모든 사람의 소유물이 되었음을, 즉 지식의 제한 없는 대중화가 이루어졌음을 말한다고 할 수 있다. 그리고 그것을 가능하게 한 것은 지식전달의 수단으로서의 서책의 대량생산을 가능하게 한 인쇄술의 발달에 있었음은 다 아는 일이다.

지식의 자유화 · 대중화가 이루어진 근대사회에서 모든 사람이 정치 · 경제 · 사회 · 문화적으로는 자유로워졌는가 하면, 그렇지는 않은 것 같다. 일부 인간집단의 권력독점에 의한 독재체제가 유지되기도 했기 때문이다.

전제군주제도가 무너진 근대사회에서도 일부 독재체제가 유지된 원인은 여러 가지로 말할 수 있겠으나, 근대사회로 오면서 지식의 자

그것에 수반되어야 할 정보의 자유화·대중화가
덜 되었기 때문이라고 할 수 있다.

유화·대중화는 상당히 이루어졌다 해도 그것에 수반되어야 할 정보의 자유화·대중화가 덜 되었기 때문이라고 할 수 있다.

20세기 전반기까지의 역사시대 5천 년 동안 사람들은 손의 기능을 확대시키기 위해 각종 도구를 만들어내었고, 발의 기능을 확대시키기 위해 기차나 자동차, 비행기를 만들어내었다. 그리고 20세기 후반기에는 두뇌의 기능을 확대시키는 컴퓨터를 만들어내기에 이르렀고, 그것이 발명된 지 불과 몇십 년 만에 엄청난 속도로 그 기능이 향상되고 있다.

컴퓨터의 발달에 의한 두뇌기능의 확대는 컴퓨터통신의 발달로 연결되어 획기적인 정보의 자유화 및 대중화를 이루어가고 있다. 정보의 자유화 및 대중화 과정이 곧 지식의 자유화·대중화를 위한 또 하나의 과정이라 할 수 있겠지만, 어떻든 한 사람의 이른바 해커가 마음만 먹으면 특수기관의 깊숙한 곳에 숨겨져 있는 비밀스런 정보에 쉽게 접근해 갈 수 있는 시대가 되어가고 있는 것이다.

컴퓨터의 발명은 인쇄술의 발명과 함께 인류문명 발달사에 또 하나의 큰 획을 그었음이 틀림없다. 역사학의 시대구분이 인류역사를 컴퓨터 이전 시대와 이후 시대로 양분할 수 있을 정도는 안 된다 해도, 컴퓨터의 발달과 그로 인한 통신의 발달이, 지금까지 지식의 자유화·대중화 단계에 머물고 있던 인간의 역사를 정보의 자유화·대중화 단계로 높여놓을 것임에 틀림없다.

근대사회 이후 지식의 자유화·대중화가 인간자유의 확대 및 민주주의 발전을 진전시킨 것같이, 21세기에 들어가면 정보가 급격히 개방되고 자유화하고 대중화함으로써, 인간의 정치·경제·사회·문화적 자유를 더욱 확대시키고, 나아가서 그 민주주의를 획기적으로 발전시킬 것임에 틀림없다. 그리고 어느 누구도 이 도도한 역사의 흐름을 막을 수 없을 것이라는 점이 중요하다. (2000. 11. 9)

대학다워지는 최소한의 조건

우리 민족사회의 오랜 역사와 문화수준에 비해서 근대 대학의 역사는 너무 짧다. 일제 강점시대에는 2천만 인구에 이른바 제국대학이라는 것 하나밖에 없었고 나머지 고등교육기관은 모두 전문학교였다. 일본제국주의의 우민정책으로 고등교육이 극히 제한되었다가 해방이 되자 그야말로 우후죽순처럼 대학이 설립되었다.

엄격한 의미에서 우리 대학의 역사는 해방 후부터이지만, 그것도 1950년대는 전쟁과 그 후유증으로 대학이 제구실을 할 수 없었고, 결국 60년대부터 대학의 본격적인 역사가 시작되었다 해도 괜찮지 않을까 한다.

오랫동안 타민족에게 수탈당한 민족사회가 대학다운 대학을 설립할 만한 재력을 가졌을 리 없었고, 자격을 갖춘 교수요원이 제대로 있었을 리 없었다. 그런 조건 아래서 해방 후 반세기 동안 그럭저럭 대학의 수만 불어났을 뿐, 그 질을 높이기 위한 획기적인 정책이 세워진 일은 없었다고 해도 과언이 아니다. 그래서 그런지 아직도 국립과 사립을 막론하고 세계적 수준의 근처에라도 간 대학이 없는 실정이다. 우리 대학졸업생의 국제경쟁력은 거론조차 하기 어려우며, 젊은이들은 형편만 되면 외국에 유학하려 하고 있다.

앞서가는 나라들의 대학생은 강의 외에도 밤을 세워가며 여러 권의 책을 읽거나 실험을 하고 몇 편의 보고서를 써야 학점을 취득할 수 있는데, 우리 학생들은 대부분의 경우 필기노트를 외워서 중간시험과 기말시험 치르는 것만으로 학점을 취득하고 있으니 그 질이 떨어질 것은 너무도 당연하다. 한 과목의 학점을 취득하기 위해 여러 권의 책을 읽고 몇 편의 내실 있는 보고서를 쓰게 하려면, 최소한 몇 가지 요건이 갖추어져야 한다.

우선 교수들의 강의부담이 6시간 정도로 줄어 연구하고 강의준비하는 시간이 더 많아져야 하고, 대학 도서관과 실험실 시설이 지금보다 훨씬 충실해져야 한다. 도서관은 같은 종류의 참고서적이 더 많이

우리 대학졸업생의 국제경쟁력은 거론조차
하기 어려우며, 젊은이들은 형편만 되면 외국에
유학하려 하고 있다.

비치됨으로써 '공부방'이 아닌 참고열람실 구실을 제대로 할 수 있게
되어야 하고, 학생들의 보고서를 제대로 점검하기 위해 1교수 1조교
제도 정도는 갖추어져야 한다. 우리 대학의 대부분을 차지하는 사립
대학 특히 지방 사립대학은 아직 어림없는 일이지만, 이는 대학이 대
학다워지는 최소한의 요건이다.

대학이 대학답게 되려면 들어오기도 어렵고 나가기도 어려운 대
학이 되거나 아니면 들어오기 쉬워도 나가기는 어려운 대학이 되어
야 하는데, 우리 대학은 반대로 들어오기는 다소 어렵다 해도 나가기
는 아주 쉬운 대학이 되어 있다. 그런 대학졸업생이 외국에 비해 경
쟁력이 높을 수 없음은 말할 나위가 없다. 그러나 들어오기 쉬워도
나가기 어려운 대학이 되려면, 앞에서 말한 것과 같이 도서관과 실험
시설과 조교제도를 비롯하여 학생들에게 그만큼 공부를 시킬 수 있
는 요건이 갖추어져야 한다. 그러기 위해서는 돈이 더 많이 들어가야
한다.

지방의 작은 사립대학들이 외국대학과의 경쟁력은 그만두고 우선
국립대학이나 중앙의 큰 대학들과의 경쟁력이라도 갖추려면, 일단

예산이 지금의 2배는 되어야 한다. 우리나라 사립대학의 등록금 의존률이 80%가 넘는다고 알고 있지만, 그것이 전체 대학예산의 50%를 넘지 않아야 하고 나머지 25%는 국고지원으로 또 나머지 25%는 일반 사립대학의 경우 재단전입금으로, 재단에 문제가 있어 관선이사가 나가 있는 대학의 경우 국고지원으로 충당되어야 한다.

전체 예산의 25%를 전입시키지 못하는 사립대학 재단은 그 자격을 인정하지 말아야 하며, 사립대학에 대한 국고지원은 국립대학과 차이를 두어야 할 이유가 없다는 인식이 바탕이 되어야 한다. 그리고 그것은 국립대학과 사립대학의 등록금 차이가 있어야 할 이유도 없어졌다는 사실을 근거로 해야 한다. 가난하면서 우수한 학생을 위해 국립대학 등록금이 저렴해야 한다고 하겠지만, 지금은 우수한 학생이라 해도 가난하면 국립대학에 들어가기 어려울 만큼 국립대학 들어가기 위한 교육비가 많이 드는 세상이 되었다.

한번 더 강조하지만 대학이 당장 대학답게는 못 되어도 대학'스럽게'라도 되게 하려면, 특히 사립대학의 경우 예산을 지금의 2배 정도로 늘리는 일이 우선이다. 그 방법은 현재 수준의 사립대학 등록금수

입이 전체 예산의 50%를 넘지 않아야 하고, 재단전입금이 등록금 수입의 25%는 되게 의무화되어야 하며, 국고지원 역시 등록금 수입의 25% 정도는 되어야 한다.

설립 때 출연했다 해서 추가 전입금이 없다시피 해도 '교주'의 권리가 자손대대로 지속된다면, 대학은 공익성을 잃은 사유물이 되고 만다. 따라서 사립대학 재단의 자격은 어떤 형태로건 전입금 액수와 연동되어야 한다. 그리고 대학에 대한 국고지원은 국립과 사립의 차이가 없어져야 한다. 대학의 경쟁력을 조금이라도 높이는 길은 무엇보다도 대학을 대학스럽게라도 만드는 일이다. (2002. 9. 9)

고등교육 개혁의 방향

노무현정부의 첫 교육부총리 인선이 난항을 거듭하다가 뒤늦게 결정되었다. 인선이 난항이었다는 사실 자체가 교육의 현 실정과 그 개혁의 어려움을 말하는 것이라 해도 좋을 것이다. 우리 교육, 특히 고등교육은 해방 후 거의 황무지에서 시작되었다. 그러면서도 반세기가 지나도록 근본적인 개혁을 한번도 못하고 그저 땜질만 해왔다 해도 틀린 말이 아니다.

중세시대까지 우리 민족사회는 높은 문화수준을 가졌으나 근대로 들어오는 길목에서 불행하게도 남의 강제지배를 받게 되었고, 그 기간 우민정책이 강행되었기 때문에 해방 후에는 고등교육에 대한 열의가 대단히 높을 수밖에 없었다. 높은 교육열이 민족사회 발전에 도움이 된 것도 사실이지만, 한편 어려운 문제들을 낳기도 했다. 지금은 공교육이 무너져 가고 대학교육도 경쟁력이 떨어진다는 우려가 심각하다. 대대적인 교육개혁을 미룰 수 없는 상황이 되었음을 말하는데, 40년 가까운 현장경험을 근거로 몇 가지 개혁방향을 짚어볼까 한다.

첫째, 국립대학과 사립대학의 등록금 차이를 없애고 국고보조금도 국립·사립 구분 없이 학생수에 따라 지급해야 한다. 가난한 학생들을 위해 국립대학 등록금을 싸게 했지만, 지금은 가난한 학생이 거의 국립대학에 들어갈 수 없는 세상이 되었다. 많은 사교육비를 들여 국립대학에 들어가는 넉넉한 사람들을 혈세로 도와주는 상황이 되었다 해도 잘못된 말이 아니다. 국립대학과 사립대학의 등록금을 같게 하고, 국고보조 역시 국립·사립 차이 없이 학생수대로 해야 한다. 국립대학생도 사립대학생도 국민이기는 마찬가지다.

둘째, 대학 정원과 모집방법을 전적으로 대학의 자율에 맡겨야 한다. 박정희 군사독재정권 때 대학통제를 위해 시작한 대입시험은 대학을 완전히 서열화해서 심각한 대학 불균등과 교육 불균형을 가져왔다. 정원과 모집방법을 자율화하고 국립·사립 대학 등록금을 같

국립대학과 사립대학의 등록금 차이를 없애고
국고보조금도 국립·사립 구분 없이 학생수에 따라
지급해야 한다.

게 하고 국고보조를 학생수대로 해야 대학 서열화가 깨어진다. 또 경쟁률이 심한 대학과 학생확보가 어려운 대학의 차이도 없어지게 된다. 일부 악덕 '교주'들이 마구 뽑아 치부하던 시절에는 공권력의 간섭이 필요했지만, 지금은 교수와 학생과 시민단체 등 사회일반의 감시기능이 높아져서 그럴 염려가 거의 없어지고 있다.

셋째, 대학의 모집방법을 자율화하고 다양화해서 고등학교를 대학입시 준비기관의 성격에서 벗어나게 해야 한다. 대학입시 준비야 공교육기관보다 전문학원이 더 잘할 수 있지 않겠는가. 그러다 보면 공교육이 무너지게 마련이다. 수능시험 같은 것이 없어지고, 예를 들어 수학은 좀 약해도 문학적 재능을 가진 학생이면 문과에 입학할 수 있게 하는 대학자율의 입시제도가 되면, 고등학교가 대학입시 준비기관으로만 되는 폐단이 줄어들게 된다.

넷째, 고등학교 교사와 대학교수의 대우차이를 줄여야 한다. 수업시간을 비슷하게 하고 보수차이도 가능한 한 좁혀야 한다. 그래서 박사학위를 가지고 자연스럽게 고등학교 교사로 가게 해야 한다. 그래야만 고등학교 교육의 질이 높아지고 대학입시 준비기관의 기능에서 벗어나게 되며, 따라서 공교육 붕괴를 막을 수 있다. 모르긴 해도 대학교수와 고등학교 교사의 대우차이가 이렇게 심한 나라도 아마 드물 것이다.

다섯째, 대학 정원과 모집방법까지 쥐고 있는 교육부의 간섭이 너무 심하다. 작은 예를 들어보자. 사립대학에 대한 정부의 보조가 대학 전체 ·예산의 1%에도 못 미치면서 대학교육협의회란 데를 시켜 대학평가를 하는데, 장학금 지급액이 등록금 수입의 10% 이상 되고 또 받는 학생이 30% 이상이 되어야 좋은 평가를 해준다. 장학금액만 높이라 하면 됐지, 받는 학생수까지 높이라 하면 한 사람에게 주어지는 금액이 적어져서 효력이 감소되게 마련이다. 세상에 이런 시시콜콜한 간섭까지 하는 정부가 또 있을까? 그래서 교육부 폐지론이 나오는 것 같지만, 어떻든 노무현정부의 개혁의지에 거는 기대가 크다. (2003. 3. 18)

평생 잊지 못할 일|개보다야 사람이지|월드컵과 민족적 환희

언론은 항상 역사 앞에 서야|가르치는 일의 어려움

민족문화와 국제화|친일파 발표와 역사정화

평생 잊지 못할 일|개보다야 사람이지|월드컵과 민족적 환희

언론은 항상 역사 앞에 서야|가르치는 일의 어려움

민족문화와 국제화|친일파 발표와 역사정화

2. 사회 속의 우리

우리 역사교육은 어떤가 | 민주낭령에게 안식처를

16대 대선과 영남의 선택 | 대학생 투표참가의 의의

젊은 세대에게 희망을 건다

평생 잊지 못할 일

평생 역사를 배우고 가르치며 살아오면서 제대로 이름짓기조차 어려운 8·15, 6·25, 4·19, 5·16, 12·12, 5·18 등을 겪어왔으니 개인적으로나 민족사적으로 잊지 못할 일이 누구 못지않게 많다고 할 수 있다. 그러나 마침 광주민중항쟁 20주년을 맞는 5월인데다, 80년대에 '잠수'하다 잡혀 18년인가를 감옥에 있은 어느 주인공 이야기를 쓴 황석영의 『오래된 정원』을 읽고 있는 중이라, 20년 전 5월 어느 1주일의 '잠수' 이야기로서 원고청탁에 답할까 한다.

어느 날 창작과비평사에 갔다가 광주에서 계엄군과 시민군 사이에 '전쟁'이 벌어졌다는 소식을 듣고 들떠 있는데, 한 친구가 광주항쟁을 탄압하고 나면 서울에도 검거선풍이 불 것 같다면서 피하라고 권했다. 나야 어떠랴 싶었으나 남산지하실에 끌려가 곤욕을 치른 일도 있고, 이른바 신군부라는 것이 어찌나 설치던지 혹시나 하고 일단 피하기로 했다.

일단 부산 처가에 가서 하루 지내고 생각하니, 만약 검거대상이라면 연고지를 먼저 덮치겠다는 생각이 들어 서울로 올라오고 말았다. 낮에는 다방 같은 데를 순회하며 지낸다 해도 통행금지가 있고, 계엄령이 내린 때라 밤 12시만 넘으면 여관마다 임검(臨檢)을 하는 통에 밤을 지낼 데가 없어서 제일 괴로웠다.

교수라는 직업이 대부분 집과 연구실을 왔다갔다하는 생활인지라, 여관말고 따로 잠잘 곳이 있을 리 없었다. 자주 다니던 술집에 가서 사정을 말했더니, 어느 조그마한 여관집의 고교생 아들 방에 같이 자도록 주선해 주어서 이틀 밤을 잤다. 하지만 사정 모르는 고교생이 어찌나 노골적으로 불편해하던지 더는 갈 수 없었다.

돈암동 어느 다방에 앉아 오늘 밤은 어디서 지내나 궁리중인데, 마침 친하게 지내던 같은 처지의 서울대학 교수를 만났다. 그는 비교적 안전한 피신처를 구해서 나도 잘 아는 다른 교수와 함께 걱정 없이 지낸다고 했다. 같이 갈 수 있겠다 싶어 잠잘 곳도 마땅치 않은 나의 어려운 사정을 말했지만, 그는 신군부세력을 가리키면서 "그들과는 같은 하늘을 쓰고 살 수 없다"고 분개만 했지 같이 가자는 말 한마디 없이 그냥 가버리는 것이었다. 어찌나 섭섭했던지 지금도 그때 일을 말하면서 농담삼아 더러 원망을 한다.

노숙하다시피 1주일을 지내고 나니 더는 견딜 수가 없었다. 집에 전화를 했더니 아무 일 없다는 답이었다. 될 대로 되라는 심정으로 집으로 들어가서 막 옷을 갈아입으려는데, 초인종이 울리고 건장한 사내 셋이 들어섰다. 그들은 사흘 밤낮을 잠복해 기다렸다면서 함께 가자는 것이었다. 계엄령이 내린 때라 영장을 요구하며 버틸 수도 없고, 결국 옷만 갈아입고 끌려갈 수밖에 없었다.

이후 경찰서 유치장도 아닌 무더운 보호실에서 같은 날 끌려온 같은 대학의 이상신 교수와 그밖의 학생 약 30명과 함께 꼬박 한 달을 갇혀 있었다. 지금은 유명한 시인이요, 대학교수가 된 황지우의 고문 뒤치다꺼리를 하는 일이 괴로워서 그렇지, '잠행'할 때보다는 오히려 덜 괴로웠던 것 같다.

1970년대 80년대의 험한 세월 속에서 황석영 소설의 주인공처럼 몇 년씩 '잠수'했던 사람들에 비하면 아무것도 아니지만, 당시 40대 후반의 백면서생이었던 나에게는 1주일의 '잠수'가 어찌나 어려웠던지 지금도 잊을 수가 없다. (2000. 5. 25)

개보다야 사람이지

사람이 사람보다 개 같은 짐승을 더 사랑한다면 분명 비인간적인 일이라 하지 않을 수 없다. 지구촌의 남쪽, 특히 아프리카와 같이 자연조건이 나쁜 곳에서는 지금도 해마다 몇십만 명의 어린 아이들이 굶어죽어 가는데, 자연조건이 그보다 좋은 지구촌 북쪽에는 그런 사실에 아랑곳없이 애완견이란 이름의 개를 위한 호텔이 있는가 하면 개를 치장하기 위한 미용원이 있는 등, 인간적이라 해야 할지 동물적이라 해야 할지 모를 일들이 벌어지고 있다.

200만~300만 년으로 추정되던 인류의 역사가 얼마 전 한 '인골'의 발굴로 일약 700만 년으로 껑충 뛰어오를 상황이 되었다. 그러나 그중 5천여 년에 불과한 역사시대를 제외한 인류생활의 대부분은 동굴 속에 살면서 들판을 헤매며 열매

를 따먹고 산 채집생활이거나 산에서 들짐승을 잡아먹고 산 수렵생
활이었다.

먹고 동굴 앞에 버린 열매씨에서 싹이 트고 그것이 커서 지난해 따
먹은 것과 똑같은 열매를 맺는 것을 보고부터 인간은 농업생산을 알
게 되었으며, 새끼짐승을 산 채로 잡아와서 동굴 밖에 울을 치고 가
두어두었다가 필요한 때 잡아먹는 지혜를 갖게 된 때부터 인간은 가
축이란 것을 가지게 되었고, 나아가 목축을 알게 되었다고 할 수 있다.

아마 인간이 최초로 기르기 시작한 가축은 개일 가능성이 높고 다
음은 염소 아니면 돼지 혹은 소가 아닐까 하지만, 개건 염소건 돼지
건 가축은 당초 사람이 잡아먹기 위해 기르게 된 것임은 말할 나위가
없다. 그것은 또 인간의 역사시대 전체를 통해서 지극히 자연스러운
일이다.

잡아먹기 위해 기르기 시작한 가축 중에도 개나 고양이같이 비교
적 순하고 영리한 동물이 있어서, 도둑을 지키거나 쥐를 잡음으로써
인간의 사랑을 받게 된 것도 꽤 오래된 일이 아닌가 한다.

그러다 보니 고양이처럼 언제부터인가 사람과 한방에서 잘 만큼

'신분상승'이 된 놈도 생겼다. 그러나 개는 최근까지도 감히 방에서 잘 수는 없었고 기껏해야 마루 밑이 그 보금자리였는데, 일부 동물애호가의 애견에 한하긴 하지만 어느새 방에서 잘 만큼 '신분상승'을 했다.

지금 세상에 동물애호가쯤 되려면 무엇보다도 경제적으로 상당한 여유가 있어야 한다. 우선 잡아먹는 개보다 엄청 비싼 애완견을 살 수 있어야 하고, 휴가 갈 때는 '개호텔'에 맡길 정도가 되어야 하며, 자주 목욕시키고 '개미용원'에 다니면서 치장을 해줄 수 있어야 한다. 심지어는 '개유치원'에도 보낼 수 있을 정도는 되어야 한다.

이런 동물애호가들 중 얼마만큼의 사람들이 아프리카에서 굶어죽어 가는 어린아이들을 위해 애견에게 들이는 돈의 몇분의 일이라도 기부한 경험이 있는지 궁금하다. 아프리카까지 갈 것 없이 우리 주변의 고아원이나 양로원에 대해 얼마나 관심을 가져봤을까. 고아원이나 양로원에 관심을 가질 만큼 사람을 사랑하는 사람이라면 비싼 애완견이라도 팔아서 고달픈 인간, 외로운 인간들을 위해 쓸 수 있지 않을까 생각되기도 한다.

확실한 증거를 제시할 수는 없지만, 고대나 중세에는 사람보다 동

사람보다 짐승을 더 좋아하는 사람이 늘어가는
세상이 얼마나 계속되어야 다시 짐승보다 사람을
더 사랑하는 사람이 늘어나는, 인간 본성이
되살아나는 시대로 돌아설는지 걱정이다.

물을 더 사랑한 사람이 지금처럼 많지는 않았을 것 같다. 동물애호가라는 사람들이 생겨난 것은 자본주의 사회, 즉 근대사회에 들어와서 아닌가 싶다. 현대사회로 오면서 그 수도 많아지는 한편, 잡아먹으려고 키우는 가축인데도 먹는 사람을 야만인 취급할 만큼 더 극성스러워진 것이 아닌가 한다.

왜 현대인들 중에는 사람보다 짐승을 더 사랑하는 사람이 늘어갈까. 이 심각한 문제를 곱씹어보지 않을 수 없다. 한마디로 말해서 현대인이란 사람들이, 고대인은 말할 것 없고 중세인이나 근대인보다도 더 이기적인 인간이 되어버렸기 때문이라 할 수 있지 않을까 한다.

이기적인 인간일수록 남과 사귀기 어렵게 마련이다. 사람과 사람의 사귐은 남을 이해하고 양보하는 마음이 있어야 원만히 이루어질 수 있는데, 이기적이고 자기중심적인 인간은 그 짐이 결여되었거나 약하기 때문이다.

의견이 맞지 않으면 틀어질 수도 있고 마음에 들지 않으면 거부할 수도 있으며 때리면 반항할 수도 있는 인간들과의 사귐에 부적합하거나 실패한 사람일수록 의견대립 같은 것이 있을 수 없음은 물론이

거니와, 길들기만 하면 때려도 반항할 줄 모르고 약간 성이 났다 해도 고기 한 조각만 던져주면 바로 꼬리칠 만큼 한없이 순종적이고 마음대로 쓰다듬어도 싫어하거나 지겨워할 줄 모르는 동물과의 '사귐'에서 만족을 얻는 건 아닌지, 그런 사람들이 혹시 사람보다 애완동물을 더 사랑하는 것이 아닌지 한번쯤 생각해 볼 만하다.

현대인의 최대 약점으로 흔히 인간성의 상실을 든다. 인간성이란 물론 사람다운 성품을 말하며, 그중 가장 중요한 요건은 곧 사람에 대한 신뢰요 사랑이라 할 수 있다.

사람보다 짐승을 더 좋아하는 사람이 늘어가는 세상이 얼마나 계속되어야 다시 짐승보다 사람을 더 사랑하는 사람이 늘어나는, 인간 본성이 되살아나는 시대로 돌아설는지 걱정이다. (2002. 8. 28)

월드컵과 민족적 환희

월드컵경기에서 우리 선수들이 예상을 뛰어넘은 성적을 내자, 나라 안은 말할 것 없고 해외 동포 사회까지 환희에 넘치고 있다. 그야말로 민족적 축제가 벌어진 것 같다. 흔히 단군 이래 어쩌고 하지만, 우리 역사시대를 통해서 전체 민족사회가 이렇게 환희에 젖어본 적이 몇 번이나 있었을까 생각해 보게 된다.

우리 역사 위에서 근대적 의미의 민족이 언제부터 형성되었는가에 대한 정설(定說)은 아직 없는 것이 아닌가 한다. 그러나 양반과 상민의 신분을 넘어서 전체 민족구성원이 같은 목적으로 함께 정열을 쏟아본 것은 아마 3·1운동 때가 처음이 아니었을까. 그런 의미에서 이때를 근대적 의미의 민족형성기로 보려는 관점도 있다.

그러나 3·1운동 때도 아주 일부이기는 했지만,

월드컵 환희는 국내외를 막론하고, 조금 더
상황이 좋았더라면 북녘동포까지 포함해서
민족구성원 어느 누구도 동참하지 못할
사람이 없는 환희라는 점에서, 그 값어치가
높은 것이 아닌가 한다.

친일세력은 이 거족적 운동에 참가하지 않았다. 그후에 온 거족적 환희의 시간은 8·15해방이었지만, 그때도 친일세력은 이 환희에 동참하지 않고 도망갈 구멍 찾기에 바빴다. 3·1운동의 열정이나 8·15의 환희에는 못 미친다 해도 4·19 역시 길이 남을 역사적 환희의 한순간이었다. 그러나 이때도 이승만 독재정권의 하수인들은 동참할 수 없었다.

월드컵경기의 환희는 물론 이같이 큼직큼직한 민족사적 순간의 그것과는 다르다. 그런데도 월드컵 환희는 국내외를 막론하고, 조금 더 상황이 좋았더라면 북녘동포까지 포함해서 민족구성원 어느 누구도 동참하지 못할 사람이 없는 환희라는 점에서, 그 값어치가 높은 것이 아닌가 한다. 남녀와 노소와 계층과 친소를 가리지 않고 한 덩어리가 되어 너무 지나치다고 우려할 정도로 밤새도록 춤추고 노래해 본 일이 우리 민족사에 몇 번이나 있었을까.

20세기를 넘긴 세계사는 지구화시대가 되면서 국민국가의 벽이 낮아지고 지역공동체가 발달하고 있다. 따라서 국민국가의 성립 필요성에 의해 문화적 기반보다 정치적 목적을 중심으로 조성되어 결국 국민과 같아져 버린 '정치적 민족'(nation)의 결속력은 차차 해이해지고 있다. 대신 '정치적 민족'이 조성되기 이전에 언어나 생활양식, 문화적 공통성 등을 중심으로 자연적으로 형성된 '문화적 민족'(ethnicity)이 되살아나는 시대가 되어가고 있다.

'정치적 민족' 중심의 시대에는 제국주의 침략전쟁이 빈번했고, 따라서 가해민족과 피해민족 사이의 원한이 쌓이기만 했다. 그러나 앞으로의 세계사에서 '문화적 민족'이 되살아나는 경우, 전체 인류사회는 '정치적 민족' 중심의 시대보다 한층 더 평화주의로 나아갈 수 있으리라 전망되기도 한다.

우리 민족은 불행하게도 근대사회로 들어서는 길목에서 국민국가를 이루지 못한 채 타민족의 시배를 받았고, 그로부터 해방되면서 하나의 '문화적 민족'이면서도 사실상 두 개의 '정치적 민족'으로 분립되는 상황이 되었다. 둘로 나누어진 '정치적 민족'을 하나로 묶어내는 건 참으로 어려운 일이지만, 그런 조건 아래서도 다행히 문화적 동질성은 크게 훼손되지 않았다.

2년 전 평양의 백화원초대소에서 있었던 6·15공동선언 축하 만찬장은 정상회담 후의 연회장이라기보다 '동네 잔치마당'을 연상케 했다. 두 나라 요인(要人)들이 자리를 함께했지만 통역이 필요할 리 없었고 술을 스스럼없이 권할 수 있었으며, 흥에 겨워 번역자 없이도 축시를 낭송할 수 있는 자리였다. '정치적 민족'의 처지를 떠나 '문화적 민족'으로 되돌아간 것이다.

정치적 민족의 처지에서는 월드컵경기의 환희를 남북이 내놓고 함께하지 못했다 해도, 문화적 민족의 차원에서는 충분히 공감했으리라 믿어 마지않는다. 앞으로 민족통일 문제를 풀어가는 방법도 이미 지난 세기의 유물이 되어가고 있는 '정치적 민족'을 바탕으로 할 것이 아니라, 세계사적 새 흐름에 맞추어 '문화적 민족'의 힘을 되살리는 데서 찾아야 할 것이다. (2002. 6. 21)

언론은 항상 역사 앞에 서야

잘 아는 일이지만 조선왕조와 같은 전제군주시대에도 왕을 공격하거나 충고하는 일 중에 가장 흔한 것 하나가 언로(言路)가 막혔다는 말이었다. 여기에서 말하는 언로는 지금 말로 '하의상달(下意上達)의 길'이라 할 수 있겠지만, 아마 넓은 의미의 언론의 자유에 속한다고 할 수 있지 않을까 한다.

민주주의 사회에서 언론의 자유는 물론 상식이지만, 그 못지않게 언론의 책임 역시 끊임없이 물어지고 있는 것 또한 상식이다. 원고청탁서에 "언론의 문제점을 비판적 시각으로 분석하고 가능하면 발전적 방향까지 제시하라" 했으니 기탄없이 말하려 한다. 이런 내용의 원고청탁서를 받기가 쉽지 않을 것 같으니 말이다.

지금 한국 언론의 거의 대부분은 지난 30년간 군

사독재정권과 유착했던 경험을 가지고 있다. 유착을 거부한 언론사가 있었는지는 기억나지 않고 다만 유착을 거부한 언론인들은 모두 쫓겨났다.

한국 언론들이 유착했던 군사독재정권의 반역사성을 간단히 지적하면, 하나는 정치·경제·사회·문화 면의 민주주의 발전을 저해한 일이며, 또 하나는 계속 반북주의를 고취·견지함으로써 민족화해 및 평화통일의 길을 봉쇄해 온 일이라 할 수 있다.

해방 후 우리 역사의 큰길은 누가 뭐라 해도 민주주의 발전과 평화통일의 길이라 하겠으며, 그렇게 보면 군사독재정권의 반역사성이 자명해진다고 하겠다.

지난 1970년대와 80년대의 반독재 민주화투쟁의 결과 군사독재시대는 물러갔으며, 그것은 분명 우리 역사의 발전이었다. 그런데 30년 동안 반역사적 군사독재권력과 유착했던 언론들은 지난날의 제 행적에 대해 제대로 반성하거나 사과하거나 체질개선하는 일 없이 그대로 민주정권시대의 언론으로 슬그머니 탈바꿈하려 했다.

그러나 독재정권에 길들여지고 그것이 체질화된 언론이 민주정권

시대의 언론으로 그냥 탈바꿈될 리 없다. 세상이 그렇게 제 편할 대로 되는 것이 아니라는 말이다. 그래서 어떤 언론의 경우는 이러지도 저러지도 못하고 엉거주춤하는가 하면, 어떤 경우는 아예 군사독재정권 시대의 체질을 유지·강화하는 데서 오히려 살길을 찾으려는 것 같기도 하다.

그러나 역사는 변하게 마련이며, 이 세상에 존재하는 모든 것은 그 변화에 적응해 가거나 아니면 탈락해서 소멸하게 마련이다. 무관(無冠)의 제왕이니 하는 말이 있지만, 어느 제왕도 이 역사의 원리를 거스른 경우는 없으며, 언론이라 해서 결코 예외일 수 없음은 말할 나위가 없다.

독재정권과 유착하여 체질적으로 길들여진 언론이 택할 수 있는 길은 두 가지밖에 없는 것이 아닌가 한다. 그 하나는, 결국 역사의 장에서 내려가는 길이다. 이 경우 설령 그 언론매체는 유지된다 해도 그 기능은 이미 죽은 것이나 다름없다. 왜냐하면 시대와 역사를 뒷걸음치게 하려는 언론은 이미 죽은 언론이며, 그 기사나 논평은 뒷날 역사자료로 채택되지 않을 것이기 때문이다. 군사독재체제와 유착했던 언론이 민주정권시대에 택할 수 있는 또 다른 길은 그야말로 환골탈태하여 새로운 시대에 맞는 언론으로 다시 탄생하는 길이다.

프랑스혁명을 선도한 세력 중에 언론인이 큰 몫을 차지한 일과, 나치 통치에서 해방된 프랑스가 친나치세력을 숙청하면서 지식인, 특히 언론인 숙청이 가혹했다는 사실을 우리는 알고 있다. 역사 변혁 및 발전 과정에서 언론이 어떤 역할을 해야 하며, 그 역할이 잘못되었을 때는 어떤 처지에 빠지는가를 잘 말해 주고 있는 것이다.

우리의 군사독재 청산과 민주화 과정이 조금만 더 혁명적으로 왔더라도 독재권력과 유착했던 언론이 민주화시대에도 체질개선 없이 그대로 제자리를 유지할 수는 없었을 것이다.

군사독재권력과 유착했던 언론들이 민주정권시대에 와서 약간 '따돌림'받는다 해도, 정권이 바뀌면 다시 전성기를 구가할 수 있으리라 희망할 수도 있다. 그러나 언론의 위상이 정권에 따라 양지도 되고 음지도 될 수 있다고 생각하는 일 자체가 큰 잘못이라는 것은 이제 상식이다.

언론행위는 곧 역사서술 행위와 같다고 생각한다. 사실을 사실대로 보도하면서도 그것이 귀걸이 코걸이가 되지 않게 하기 위해 역사 발전의 옳은 방향을 제대로 파악하고 지향해 가는 일이 중요하다고 생각한다.

제국주의와 냉전주의가 판을 쳤던 20세기를 넘기고 평화주의와 문화주의를 지향하는 21세기로 들어서는 지금의 시점에서, 우리 역사발전의 옳은 방향은 정치·경제·사회·문화 면의 민주주의를 순조롭게 발전시키는 일과 민족의 평화적·화해적 통일을 적극적으로 지향하는 일이라 할 수 있다.

그것에 역행하는 언론행위는 독재정권이 아니고 적어도 민주적 정권인 이상 어느 정권에서도 용납될 수 없을 것이다. 언론이 민족사회의 현실적 조건을 무시하고 너무 앞서가는 것도 문제지만, 잘못되거나 뒤처진 역사인식과 시대인식을 고집하면서 민족사회의 전진적 발전요소를 봉쇄하거나 무찌르려 한다면 결국 냉혹한 역사의 심판을 받지 않을 수 없을 것이다. (2000. 7. 22)

가르치는 일의 어려움

역사 이래로 사람이 해온 일에 값지고 귀중한 일들이 많지만, 그중 하나가 남을 가르치는 일이라 할 수 있다. 원시시대의 돌도끼 만드는 일에서 현대사회의 컴퓨터 만드는 일까지, 미개사회의 공동생활 방법을 가르치는 일에서 현대사회의 민족사회와 인류사회가 평화롭게 되는 방법을 가르치는 일까지 인간사회에서는 수천 년을 두고 많은 가르침들이 이루어졌고, 그것이 인간의 문화를 그리고 그 역사를 지금까지 오게 한 원동력이었다고 할 수 있다.

인간사회에 끊임없이 일어나고 있는 이같은 가르침에는 하나의 큰 원칙이 있다고 생각한다. 그것이 무엇이냐 하면, 가르치는 사람은 언제나 배우는 사람이 저보다 더 나아지게 해야 할 의무가 있다는 것이다. 배우는 사람의 기술이 가르치는 사람의 수준에 머물지 않고 한걸음이라도 더 나아가야 하며, 배우는 사람의 생각이 가르치는 사람과 같아서는 안 되며 더 나은 쪽으로 달라져야 한다는 사실을, 가르치는 사람들이 철저히 인식할 때 비로소 그들의 의무를 다하게 된다고 생각한다.

가르치는 사람으로서는 내가 가진 기술이나 생각을 배우는 사람에게 그대로 넘겨주면 그만이다 하고 생각할 수도 있다. 그러나 제가 가진 기술이나 생각을 그대로 넘겨주기만 하면 된다 생각하고 가르치는 경우와, 배우는 사람이 그것을 받아서 제가 가졌던 기술이나 생각보다 더 나아질 수 있게 해야 한다는 의무감 같은 것을 가지고 가르치는 경우는 그 결과가 달라지게 마련이다.

역사 이래로 많은 가르침이 있어왔지만, 배우는 사람이 저보다 더 나아지게 해야 한다는 생각을 가지고 가르친 가르침만이 인류역사를 발전시킨 원동력이 되었다고 말할 수도 있다.

우리 민족사회에서 지금 가르치는 처지에 있는 사람들은 대체로 전쟁통일이나 흡수통일을 지향했던 시대를 살아오면서 민족의 다른 한쪽을 적으로 보고 정복해야 할 대상으로 생각하거나, 그렇지는 않

역사 이래로 많은 가르침이 있어왔지만,
배우는 사람이 저보다 더 나아지게 해야 한다는
생각을 가지고 가르친 가르침만이 인류역사를
발전시킨 원동력이 되었다고 말할 수도 있다.

다 해도 경계해야 할 대상으로 생각하며 남쪽 본위로 흡수해야 할 대
상으로 보고 살아왔다고 할 수 있다.

그런데 역사가 발전하고 세상이 바뀌어서, 앞으로는 북쪽과 상당
기간 공존하면서 협상을 통해 통일해 갈 수밖에 없는 상황이 되었다.
전쟁통일이나 흡수통일밖에 몰랐다 해도 그것이 옳은 방법이 아니
라고 생각한 사람이면, 앞으로 평화공존하면서 협상통일을 해나가야
할 사람들을 가르치는 방법을 터득해 갈 수 있을 것이다.

(2000. 9. 16)

민족문화와 국제화

진정한 국제화란 어떤 것인가? 지금의 국제화 내지 세계화는 모든 지역 및 민족 사회의 문화를 자본주의 선진국 문화와 닮은꼴이 되게 만들어 가는 경우가 많은 것 같다.

자본주의 시대 이후 아시아 문화, 아프리카 문화, 라틴아메리카 문화가 모두 유럽과 미국 중심의 선진자본주의 문화로 획일화되어 가는 경향이 높다.

이렇게 되면 다음 세기에는 세계문화가 획일화되어 발전지표가 없어질 것이며, 세계문화는 곧 침체하게 될 것이다.

진정한 국제화, 세계화란 모든 지역문화 및 민족문화가 그 특징을 그대로 가지고 세계문화의 일부가 될 수 있게 갈고 닦이는 것을 말한다고 생각한다. 그래야만 세계문화가 다양해질 것이며,

따라서 발전의 소지를 가지게 될 것이다.

정치적으로 최강국이 된 미국이 전세계를 지배하고 다른 모든 민족사회가 그 기반 속으로 들어가는 세계화나, 경제적으로 초국적자본이 세계를 마음대로 휩쓸고 다니는 세계화가 그대로 계속되면, 문화적으로도 전세계의 문화가 자본주의 선진국 문화에 동화되고 마는 현상이 일어날 것이다.

각 민족문화 내지 지역문화가 그 특징을 유지하면서도 배타적이거나 폐쇄적이 아니어서 다른 민족사회에서도 그 좋은 점을 공유할 수 있게 되는, 다시 말하면 민족적 특징을 철저히 유지하면서도 다른 민족문화와 공존할 수 있는 그런 세계화가 되어야 나아가서 초강대국의 정치적 세계지배나 초국적자본의 세계경제 지배를 저지하는 원동력이 될 수 있을 것이다.

민족문화를 세계적인 주류문화로 만드는 문제와 세계적인 주류문화를 적극 수용하는 문제의 어느 쪽에 중점을 둘 것인가?

어떤 민족문화나 지역문화가 세계적인 주류문화가 되고 다른 지역 내지 민족 문화가 그것을 일방적으로 받아들임으로써 문화적으로 그 주류문화에 동화되어 가는 현상은 특히 자본주의 시대, 제국주의 시대에 들어와서 문화적 제국주의가 성행하면서 생긴 문화적 상황이라 할 수 있다.

하나의 민족문화 내지 지역문화가 다른 문화를 수용함으로써 그 수준을 높여가는 것은 당연하지만, 앞으로는 세계문화에서 주류문화와 비주류문화의 구분이 있어서는 안 된다고 생각한다.

이상적으로 말하면, 제국주의 시대가 지나고 나면 모든 민족문화 및 지역문화가 동등한 처지에서 고유의 특징을 살리면서 다른 민족문화 및 지역문화와 교류함으로써 서로 각기 제 문화의 수준을 높여가는 그런 상황이 되어야 할 것이다.

다음 세기에는 지금까지와 같이 모든 민족문화 내지 지역문화를 선진자본주의 문화로 획일화함으로써 세계문화 자체를 획일화하는 그런 상황이 되어서는 안 될 것이다.

세계적으로 통용될 만한 우리 민족문화란 무엇인가? 우리 문화의 특징을 살리면서 한편으로 다른 문화를 수용하여 우리 문화의 수준을 높이면, 우리 민족의 문화적 특징을 살리면서도 세계의 다른 사람들에게 호감을 살 수 있는 그런 문화를 가지게 된다. 예를 들어 사물놀이는 우리 민족음악의 특징을 가지면서도 현대문화에 맞게 다듬었기 때문에 세계인들의 호감을 사게 되었고, 김치도 우리 고유음식이지만 조미료 등을 바꾸면서 그 맛을 계속 개량해 왔기 때문에 이웃 민족사회에서도 환영을 받게 되었다.

우리 문화 중 어떤 부분이 세계문화의 주류에 들어가야 한다는 생각은 역시 문화제국주의적 발상이다. 우리는 근대사회로 오면서 서구 자본주의 문화의 세례를 받으면서 입성도 거의 완전히 양복으로 바뀌었다.

그러나 20세기를 넘기면서 각 민족사회가 자본주의 문화의 획일성을 반성하면서 다시 제 고유문화를 찾고 발전시키려는 쪽으로 노력하고 있다.

우리가 국악을 현대인의 기호에 맞게 발전시켜 가는 일이나 우리 입성을 현대인의 생활에 불편하지 않게 개량해 가는 것 모두 그런 노력의 일환이라 할 수 있다.

우리 문화의 특징을 살리면서 꾸준히 개량해 가면 그중 어떤 부분이 세계인의 기호에 맞게 되어 통용되게 마련이지, 억지로 혹은 의식적으로 세계에 통용될 수 있는 우리 문화를 만들어야 하는 것은 아니다. 그것 역시 문화제국주의적 발상이라 할 수 있다.

친일파 발표와 역사정화

3·1절 83주기에 '민족정기를 세우는 국회의원 모임'이 일제 강점시대의 친일파, 즉 반민족행위자의 명단을 발표한 것은 어떤 의미에서는 이승만정권의 '반민특위' 해체를 뒤집어놓은 일이라 할 수 있다.

일제강점에서 벗어난 지 반세기가 지난 지금, 친일행위를 한 당사자 대부분이 이미 죽은 지금, 왜 국회의원들이 친일파의 명단을 발표하게 되었는가. 그것이 가지는 역사적 의미는 무엇인가를 생각해 봐야 한다.

친일파는 크게 세 단계에 걸쳐 형성되었다고 할 수 있다. 그 첫번째 부류는 대한제국 말기 일본에 나라를 팔아먹고 보상을 받은 귀족·관료 들이다. 두번째 부류는 3·1운동 폭발에 당황한 일본이 그 수습을 위해 민족분열정책을 쓰면서 적

극적으로 포섭한 자산계급·지식인·종교인 들이다. 세번째 부류는
일본이 중일전쟁과 태평양전쟁을 도발하고 우리 민족에게 전쟁협력
을 요구했을 때, 그에 적극 부응한 문인·지식인 그리고 이 무렵에
급격히 늘어난 조선총독부의 조선인 행정관료·경찰·군인 들이다.

좌·우익을 막론하고 우리 독립운동전선은 민족해방을 혁명으로
인식했고, 혁명공약이라 할 수 있을 독립운동 정당·단체 들의 강령
에는 반드시 친일파 숙청 항목이 들어 있었다.

식민지배에서 해방된 민족사회에 처음으로 세워지는 정권은 대개
민족해방운동 세력이 집권하게 마련이며, 그 경우 반민족행위자에
대한 숙청이 반드시 뒤따른다. 그러나 다 아는 일이지만 남한의 경우
그렇지 못했다.

미군정이 일제시대의 행정관료와 경찰 및 직업군인을 고스란히
그 자리에 두었다 해도, 이승만정권이 아닌 김구나 김규식 정권이 섰
다면 친일파 숙청은 단행되었을 것이다. 그러나 양김세력은 분단정
권에의 참여를 거부했으며, 이승만정권은 말할 것 없고 4·19로 성
립된 장면정권까지도 친일세력을 숙청할 의지는 없었다.

친일세력을 규탄하면 불순분자·좌익분자로
몰아 처단했던 어두운 세월이 반세기 이상
계속되었고, 그것이 곧 우리 현대사가 되었다.

장면정권을 뒤엎고 선 박정희 군사정권은 일제시대의 직업군인
및 지원병 출신들이 그 핵심이었다. 일제의 괴뢰 만주국 군관학교에
혈서로 지원했다는 박정희를 중심으로 한 정권이 친일 약점을 감추
기 위해 민족주체성 운운했으니 기막힐 일이었다.

친일세력이 해방 후에도 정치·경제·사회·문화의 모든 부문에
서 제자리를 유지할 수 있었던 것은, 냉전체제 및 분단체제의 성립과
강화, 극심한 이데올로기적 대립, 민족상잔, 문민독재·군사독재의
연속을 통해 반공주의·반북주의가 계속 강화되었기 때문이다.

친일세력을 규탄하면 불순분자·좌익분자로 몰아 처단했던 어두
운 세월이 반세기 이상 계속되었고, 그것이 곧 우리 현대사가 되었
다. 이런 역사 속에서 반민족세력 친일파는 일제시대와 다름없이, 아
무 제약도 받지 않고 대통령이 되고 장관이 되고 장군이 되고 또 판
검사가 되었다가 이제 대부분 저승으로 갔다.

그런데 지금에 와서 친일파 명단을 발표한들 무슨 의미가 있는가,
하고 반문할 수도 있겠지만 그렇지 않다. 친일파가 분단주의자가 되
고 그 분단주의자가 냉전주의자를 낳고 그것이 또 반북주의자·반통

일주의자·반평화주의자가 되었다면 문제가 달라진다. 20세기 후반기의 우리 역사는 냉전주의·분단주의·반북주의·대결주의로 얼룩진 시대였지만, 21세기는 화해와 협력과 평화를 지향하는 시대가 되어야 하기 때문이다.

친일파의 명단을 발표한다 해서 그들의 반역행위가 실정법으로 다스려질 수는 물론 없다. 그러나 그 죄상을 역사적으로 다스릴 수는 있으며, 역사적 다스림이 실정법의 다스림보다 더 효과적일 수도 있다. 역사적 징벌을 통해 친일파를 모체로 한 냉전주의자·반평화주의자·반통일주의자·반북주의자가 더 이상 생산되지 않게 하기 위해, 다시 말하면 모체로서의 친일파의 반역사적 생산능력을 봉쇄하기 위해 좀 늦었지만 그 명단은 발표되어야 할 것이다.

지금 우리 사회 일각에서 '친일파 인명사전'을 만들려는 움직임이 일고 있다. 이것은 한마디로 우리 역사의 정화작업이다. 혹시라도 친일파로 지목된 사람들의 후예가 이 역사적 작업에 동참할 수 있다면, 우리의 역사 정화작업은 한층 더 빛날 것이다. (2002. 3. 16)

우리 역사교육은 어떤가

국가사회주의 체제가 무너지면서 전세계가 보수 우경화하고 있고, 일본도 예외가 아니다. 태평양 전쟁에서 패전한 후, 일본사회는 한때 제국주의 침략에 대한 반성도가 높았고 평화주의 교육에 대한 열의도 상당했다. 그러나 동서 냉전체제가 강화되면서 일본은 미국세력권으로 깊숙이 들어 갔고, 6·25전쟁을 계기로 보수정권 아래에서도 경제가 빠르게 회복되고 발전함으로써 보수우경 화의 길을 계속 걷게 되었다. 특히 국가사회주의 체제 붕괴 이후 급속도로 우경화하고 있다.

지금의 일본은 수상급까지도 전쟁참화를 겪지 않은 세대여서 정치적으로 획기적 변화가 없는 한 침략전쟁에 대한 반성 같은 것을 기대하기는 어려운 것이 아닌가 한다. 이런 상황에서 한층 더 심해지고 있는 역사왜곡에 대해 우리로서는 정부 차원에서 강력한 수정요구가 계속되어야 할 것이지만, 민간에서도 시민운동 등을 통해 꾸준히 규탄해야 하며, 나아가 중국 및 동남아시아의 피해국가들과 연대해서 계속 압력을 가해야 할 것이다.

일본의 역사왜곡에 대한 시정요구의 강도를 높이면 높일수록, 우리 역사교육 문제도 재고되어야 한다. 우리 교과서의 한·일관계사 부분을 가능한 한 객관성 높게 쓰고 가르치는 일이 중요하다. 특히 근대사 이후 부분에서 일본의 한반도 침략사를 철저히 가르치되, 그 객관성을 최대한으로 높여야 한다. 그리고 일본의 한반도 침략에 대한 책임을 묻는 쪽에 무게를 두기보다, 앞으로의 아시아세계를 평화롭게 하기 위해 지난 침략의 역사를 철저히 가르쳐야 한다는 쪽에 더 의미를 두는 교육이 되어야 한다.

일본 제국주의의 한반도 침략사를 가르지면서 반드시 친일파의 역사적 행적도 함께 가르쳐야 한다. 그것도 반민족행위의 사실만을 가르칠 것이 아니라, 그들이 어떤 상황에서 무슨 생각으로 어떻게 민족을 배반하게 되었는가를 분석적으로 가르침으로써 역사교육의 효과를 높일 수 있어야 한다. 나아가서 해방 후에도 왜 그 세력이 숙청

일본의 역사왜곡에 대한 시정요구의
강도를 높이면 높일수록, 우리 역사교육 문제도
재고되어야 한다.

되지 못했는지, 그 후유증이 역사 위에 어떻게 남았는지 하는 문제까지 이해할 수 있게 하는 교육이 되어야 한다.

또 하나 반드시 시정되어야 할 문제가 있다. 지금 우리 중·고등학교 국사교과서가 국정으로 되어 있는데, 종래 검인정이던 것을 박정희 군사독재정권이 이른바 유신을 하면서 국정으로 바꾼 것이다. 따라서 국정 국사교과서를 검인정으로 되돌리는 일은 '유신 청산'의 일환이라 할 수 있다. 그런데 군사정권시대가 끝나고 민간정부가 두 번이나 들어섰는데도 '유신 잔재'로서의 국정 국사교과서는 그대로 쓰이고 있다.

내년부터 실시될 7차교육과정에서도 국정 국사교과서가 없어지지 않을 뿐만 아니라, 고등학교 국사과목이 중세사까지만 필수과목이 되고 근·현대사는 선택과목으로 된다고 한다. 부득이해서 국사과목 전체를 필수과목으로 할 수 없다면, 근·현대사를 필수과목으로 해야 한다. 고·중세사를 필수과목으로 하고 근·현대사를 선택과목으로 한 것은 잘못된 역사교육의 한 본보기가 될 만한 것이다.

무엇보다도 시급한 것은 국사교과서 국정제도를 청산하는 일이다. 중세 왕조시대에는 정부가 역사를 편찬했고, 독재체제 아래서나 정부가 쓴 역사책으로 가르쳤다. 민주주의 시대에는 정부가 역사를 편찬해서는 안 되며, 또 정부기관이 만든 역사책만으로 가르치는 일은 더더욱 안 된다.

지금이 어느 시댄데 정부기관이 만든 하나의 국사교과서로 전체 학생을 획일적으로 가르친단 말인가. 우리 역사교육의 잘못된 점을 과감하게 시정하지 않으면, 일본의 역사왜곡에 대한 시정요구가 정당성을 가지기 어려울 것이다. (2001. 5. 3)

민주영령에게 안식처를

어느 민족사회인들 그 민주주의의 역사가 순탄했을까만 우라 민족의 경우 참으로 험난했다. 우리 정도의 문화수준을 가진 민족사회가 20세기 초엽에 같은 문화권 안에 있는 이웃민족의 강제지배를 받게 된 일 자체가 세계사에 유례가 없는 '억울한' 일이었다.

우리 역사에서 민주주의를 정착시켜야 했을 중요한 시기인 20세기 전반기에 제 역사 운영권 자체를 송두리째 남에게 빼앗겼고, 그 결과 해방 후의 공화주의 시대에도 10년 넘은 문민독재와 30년간의 군사독재를 겪었다.

문화적·역사적 저력을 바탕으로 독재정권들을 물리칠 수 있었으나, 이승만 독재정권이 무너진 뒷자리에 4·19묘지가 남았고, 군사독재정권 특히 전두환정권의 성립을 막으려다 5·18묘지가 생겼다. 지금 우리가 누리고 있는 이 정도의 민주주의를 쟁취하기 위해서도 얼마나 많은 희생이 바쳐졌는지, 이들 민주묘지들이 잘 말해주고 있다. 그러나 민주주의 쟁취를 위한 희생은 그것만이 아니었다.

군사독재정권 아래서 비인간적 노동조건을 고발하며 스스로 몸을 불사른 젊은이가 있었고, 민주주의를 외치며 투신자살하거나 최루탄이 난무하는 시위현장에서 희생된 대학생이 있었으며, 야수들이 날뛰는 취조실에서 무참히 죽어간 대학교수도 있었다. 그뿐만이 아니다. '의문사진상규명특별법'이 제정되어야 할 만큼 원인조차 밝혀지지 않은 억울한 죽음이 허다했다. 이같은 엄연한 사실들이 바로 우리 민주주의의 역사 그것이다.

역사 건망증이 심한 민족은 역사실패를 거듭하게 마련이다. 그 때문에 문화민족일수록 영광스러운 역사는 말할 것 없고 가슴 무너지는 역사, 치욕스러운 역사까지도 정확하게 재생해 가르치는 것 아니겠는가. '의문사'의 진실은 철저히 밝혀져야 하며, 독재정권의 마수에 희생된 모든 민주영령들은 4·19나 5·18 영령들과 같이 그 안식처가 따로 마련되어야 한다.

　민주묘지공원을 마련하는 일은 결코 희생자들의 영혼을 달래기 위해서만이 아니다. 역사교육의 가장 효과적인 방법은 유적을 남겨 후세 사람들이 직접 그 앞에 서보게 하는 일이다. 4·19나 5·18 묘지와 함께 새로 조성되어야 할 민주묘지공원 역시 처절하고 한 많은 우리 민주주의 역사의 생생한 교육장이 될 것이다. 그 묘지 앞에 선 사람들의 숙연한 마음, 그것은 곧 우리 민주주의를 키워나갈 힘의 원천이 될 것이다.

　조성되어야 할 민주묘지공원이 이같은 의미를 가지기 위해서는 반드시 짚고 넘어가야 할 몇 가지 문제가 있다. 그 하나는, 민주묘지공원 조성은 결코 보상 차원의 의미를 가져서는 안 된다는 점이다. 일제 강점시대 민족해방운동 전선의 선열들이 보상받기 위해 목숨 바친 것이 아닌 것과 같이, 해방 후의 민주주의 운동에서 희생된 열사들도 보상받기 위해 몸바친 것이 결코 아니다. 따라서 민주묘지공원을 조성하여 그들 영령을 모시는 일은 보상 차원이 아니라, 어디까지나 앞으로 우리 민주주의 발전을 위한 교육현장이 되게 하는 데, 그리고 민주주의 운동의 성지가 되게 하는 데 그 목적이 두어져야 한다.

역사 건망증이 심한 민족은 역사실패를 거듭하게
마련이다. 그 때문에 문화민족일수록
영광스러운 역사는 말할 것 없고 가슴 무너지는
역사, 치욕스러운 역사까지도 정확하게 재생해
가르치는 것 아니겠는가.

또 하나는, 기성의 민주묘지 조성사업에서 일부 드러났지만 이 신성한 사업에 정권이나 특정 부처의 업적과시 목적이 조금이라도 들어가서는 안 된다는 점이다. 민주묘지공원 조성사업이 언제 확정되고 또 착공될지 모르지만, 그 사업은 민주적 정권만이 할 자격이 있으며 또 할 수 있는 일이다. 따라서 처음부터 끝까지 제사 모시듯 엄숙한 마음으로, 그리고 역사 바로 세우기 차원에서 이루어져야 할 일이지 결코 정치적·행정적 목적이 담긴 사업이 되어서는 안 된다.

효창공원과 수유리의 광복군묘지, 4·19묘지와 5·18묘지 그리고 장차 조성되어야 할 민주묘지공원 등 선열들의 안식처는 파란만장했던 우리 근·현대사의 정직한 증거이다. 그것이 아픈 상처로만 남겨질 것인가 아니면 영광스러운 상처가 되게 할 것인가는, 같은 시대를 겪고도 살아남은 우리에게 주어진 엄숙한 역사적 과제이다.

(2001. 12. 28)

16대 대선과 영남의 선택

영남지방은 '조선 8도' 중 인구가 가장 많은 곳이었다. 지금이야 서울이나 경기도 인구가 부산이나 대구, 경남이나 경북 인구보다 많지만, 수도권 인구 가운데도 한 세대만 올라가면 다른 어느 지방보다 영남 출신이 많지 않을까 한다. 박정희정권에서 김영삼정권까지 근 40년간 영남정권이 계속된 기회에, 영남지방의 많은 사람들이 정치·경제 중심지 서울로 왔기 때문이다.

영남은 공자·맹자의 고장이라 할 만큼 유교적 전통이 강했다. 그러나 조선왕조의 통치권력은 기호지방 즉 경기·충청도 사람에게 독점되다시피 했고, 영남은 요샛말로 하면 준여당적 위치에 있었다고 하겠다. 조선왕조 500년을 통해 영남인으로서 군주제도 아래에서의 대권을 잡아본 사람은, 아마 임진왜란중 정계를 주도했다 해도 좋을 서애 류성룡 정도가 아닌가 한다.

그런 영남이 일제 강점시대에 일본과 서울을 잇는 경부선이 통과함으로써 크게 '발전'한 한편, 항일운동도 어느 지방 못지않게 치열했다. 그 여파로 해방공간의 1946년에는 미군정에 저항하는 대규모 폭동이 일어났고, 그 중심지 대구는 한때 '한국의 모스크바'로 불릴 정도였다. 그후 2·28학생데모, 3·15부정선거 반대투쟁 등 이승만 독재정권 타도투쟁이 먼저 일어난 곳도 영남지방이었다. 역사의 바른 노정에 앞장서 온 고장이었다고 할 것이다.

1960년대 들어와서 친일경력과 좌익경력을 가진 박정희 소장이 쿠데타로 집권함으로써 신라시대 이후 처음으로 영남정권이 섰다. 박정권과 전두환·노태우 정권 때 영남지방은 다른 지방에 비해 정치·경제적으로 많은 특혜를 입으면서 두 가지 면에서 크게 변했다.

그 하나는 '한국의 모스크바'를 중심으로 한 영남지방 전체가 군사독재정권이 조장한 보수성으로 표현된 반민주성의 아성이 된 점이다. 또 하나는 박정희정권의 권력연장을 위한 지역감정 조장과 전두환·노태우 중심 '신군부'의 광주항쟁 탄압으로 특히 호남지방과의 감정적 갈등이 심해진 점이다.

군사독재정권 뒤에 영남 출신 김영삼 문민정권이 섰으나 이 두 가지 병폐를 해소하지는 못했다. 영남정권이 40년 가까이 지속된 뒤에 호남 출신 김대중정권이 서고 남북 화해정책을 펴자, 영남지방의 반(反)호남 성향과 보수성으로 분발라진 반민주 성향은 한층 더 심해졌다.

그런데 16대 대통령선거전에서는 보수세력의 아성이라 할 영남지방에서 다소 진보성을 띤 노무현 후보가 나와서 돌풍을 일으키고 있다. 세상에 믿을 것이 아무것도 없어도 '역사는 변하고 만다'는 사실만은 믿고 사는 처지로서는 역사의 정직성을 또 한번 실감하게 된다.

더구나 영남 출신 노무현 후보를 호남사람들이 앞장서서 지지하고, 영남 출신이지만 호남정권의 여당후보인데도 영남사람들도 지지하고 있다. 그는 영·호남의 벽을 넘어선 대통령후보가 된 것이라 할 수 있겠다. 군사독재정권 30년 동안 지역감정에 휩싸여 뒷걸음쳤던 우리 민주주의가 이제야 제 길을 찾기 시작한 것 같아서 다행이다.

'노풍'을 잠재우려고 전두환·노태우 군사정권의 핵심 인물이며 정통 보수파를 자처하는 정치인이 영남의 보수성에 기대어 대통령 예비선거에 출마하면서 "지역주의를 이용하는 것은 옳지 않으나 현실이 그러니 어쩔 수 없다"며 또다시 지역감정을 부추기고 나온 일이 아쉽기는 하지만.

21세기 첫번째인 이번 대통령선거는 넓게는 우리 사회 전체가 냉전체제적 정치풍토에서 얼마나 벗어나느냐, 좁게는 영남지방이 군사독재정권 이후 고질이 된 보수성으로 분발라진 반민주성과, 인구수의 우세를 믿고 형세가 불리할 때마다 조장해 온 지역주의를 얼마나 청산하느냐 하는 가늠대가 될 것이다.

영·호남의 감정적 대립 심화는 군사독재정권의 권력 장악 및 연장을 위한 책략의 결과다. 16대 대선에서 영남의 선택은 21세기에 들어선 우리 민주주의의 성숙도를 재는 잣대가 될 것이다.

(2002. 5. 10)

대학생 투표참가의 의의

1970년대와 80년대의 우리나라 대학생들은 거의 매일같이 수업을 전폐하다시피 하고 최루탄 가스를 마시며 경찰봉에 맞으면서 정부와 싸웠고, 고귀한 희생도 많았다. 박정희·전두환·노태우 군사독재정권들이 민주주의를 질식시키고 평화통일운동을 탄압했기 때문이다. 그러나 1990년대와 2000년대, 즉 김영삼·김대중 민간정부 때의 대학에서는 1970년대, 80년대와 같은 저항과 투쟁이 없어지다시피 했다. 민간정부가 스스로 민주주의와 평화통일 문제를 어느 정도 진전시켜 갔기 때문이다.

그러나 두번째 민간정부인 김대중정부의 임기가 끝나가는 시점에서, 우리의 민주주의와 평화통일 문제는 중대한 고비를 맞게 되었다. 각종 여론조사에 의해 다음 정권을 담당할 가능성이 높다고 말해지고 있는 정치세력의 성격을 역사적 관점에서 보면, 그 대부분은 스스로 말하는 야당이나 보수세력이기에 앞서서 지난 1970년대와 80년대의 군사독재정권을 주도했거나 아니면 그에 협력했던 반민주세력이라 할 수 있기 때문이다.

따라서 그들의 정강·정책 역시 김영삼·김대중 정권보다 덜 민주적이고 덜 평화통일 노선일 수밖에 없다. 이같은 정권이 성립될 경우 다시 1970~80년대와 같은 대학가의 저항운동이 일어나지 않는다고 장담할 수 없다. 1990년대와 2000년대의 대학생들이 1970년대나 80년대의 대학생들보다 역사의식이나 저항의식이 약해서 조용한 것이 아니라, 민간정부들이 어느 정도 민주주의 발전과 평화통일 노선에 섰기 때문에 크게 저항하지 않은 것이다.

그러나 앞으로 이들 민간정부보다 덜 민주적이고 덜 평화통일 노선인 정권이 성립되면 대학생들의 저항운동이 재발할 것임은 말할 나위가 없다.

1970~80년대와 같은 대학가의 '불행'을 미리 막는 길은 김영삼·김대중 민간정부보다 덜 민주적이며 덜 평화통일 노선인 정권이 성

립되지 않게 하는 일이다. 그것을 위해 지금의 대학생들이 할 수 있는 일은 앞으로 있을 대통령선거에 적극 참여하여 지난날 군사독재정권을 주도했거나 그것에 동참했던 정치세력이 많이 포함된 정당의 집권을 저지하는 일이다. 그리하여 2000년대의 대학생들이 1970~80년대 대학생들보다 민족의식이나 역사의식이 약하다는 오해를 씻고, 우리 역사를 전진시키는 주역이 되는 일이다.

　역사는 지그재그로 나아간다는 말도 있지만, 곧장 직진만 하기는 역시 어렵다. 그러나 그 주역들의 투철한 역사의식과 적극적인 참여에 의해 정체나 옆걸음질 없이 계속 전진할 수도 있다. 1970년대, 80년대 대학역사의 귀중한 유산이 2000년대 대학생들로 하여금 민족사를 한걸음 더 전진시키는 주역이 되게 할 것이다.

(2002. 11. 13)

젊은 세대에게 희망을 건다

1997년의 새해를 맞는 감회가 사람마다 다르겠으나 우리에게는 20세기를 이제 4년밖에 남기지 않았다는 절박감 같은 것이 앞서게 된다. 돌이켜보면 20세기는 우리 민족사가 크게 두 번이나 실패한 가혹한 세기였다. 일제에게 강점당한 것이 첫번째 실패요, 민족분단이 두번째 실패이다. 1990년대로 들어서면서 세계사는 세기말답게 엄청난 변화를 일으켰고, 그 외중에서 한반도 지역 실패의 역사도 끝날 것 같은 조짐이 보이기도 했다. 남북합의서 교환, 문민정권 성립, 남북정상회담 합의 등이 그것이다.

그러나 한쪽 성상의 삽작스러운 죽음과 그에 따른 조문 문제를 두고 남북관계는 급격히 냉각되어 갔다. 그 위에 핵문제가 겹치고 쌀 원조가 역작용을 하더니 드디어 잠수함사건이 돌발함으로써, 20세기를 4년밖에 남겨놓지 않은 지금의 시점까지 남북문제·민족문제는 좀처럼 풀리지 않고 있다. 정상회담이 성사되었더라도 금세기 내의 통일 같은 것은 물론 바랄 수 없었을 것이다. 그러나 우리의 마음이 지금보다는 덜 초조할 수도 있었을 것이다.

한 나라의 정상이라 해도 그 수명이야 마음대로 할 수 없는 일이지만, 죽음에 대한 조문은 마음먹기에 따라 할 수도 있고 안 할 수도 있는 일이다. 그러나 결국 조문은 이루어지지 않았고, 뒤이어 엄청난 회오리바람이 불었다. 죽지 않았으면 이쪽 정상과 무릎을 맞대고 민족문제·통일문제를 의논했을 저쪽 정상이 죽고 나자, 하루아침에 '6·25의 원흉'으로 되돌아가서 조문은 고사하고 엄청난 규탄의 대상이 되어버렸다. 6·25전쟁이 끝난 지 40년이 지난 지금까지도 그것을 몸소 겪은 세대가 아직 우리 사회의 여론 주도층이 되어 있고, 그들이 고인이 된 한쪽 정상을 '전쟁원흉'이라 외치고 나섰기 때문이다.

6·25전쟁을 겪은 세대에게는 분단된 민족의 다른 한쪽이 동족이면서도 분명 총부리를 겨누고 싸운 적이었고, 미국 같은 나라가 오히려 혈맹의 우방이었다. 그 때문에 말로는 평화통일을 하자 흡수통일

은 안 하겠다 하면서도, 막상 남북합의서에서 약속한 대등통일이 실현되려 하면 반세기 이상 싸우고 대립하고 불신해 온 상대라 믿을 수 없고 두렵기까지 해서 선뜻 찬성하고 나설 수 없게 되는 것 같다.

6·25를 경험한 기성세대들도 세상이 변하고 있음을 이해하고 민족의 다른 한쪽에 대한 적개심과 불신감을 하루빨리 씻는 것이 바람직하지만, 사람의 일이라 그렇게 쉽지 않은 것 같다. 전쟁을 겪은 기성세대의 경우는 그렇다 하고, 1997년의 새해 아침에 동족상잔의 6·25를 경험하지 않은 젊은 세대에게 특히 하고 싶은 말이 있다.

무엇보다도 먼저 젊은 세대의 민족관이나 역사관이 기성세대의 그것과 같아서는 안 된다는 점을 강조하지 않을 수 없나. 만약 젊은 세대와 기성세대의 생각이 같아진다면, 모든 면에서 기득권을 가진 기성세대 쪽으로 같아질 가능성이 크다. 어느 시대, 어느 민족사회를 막론하고 젊은 세대의 동의와는 상관없이 기성세대 쪽에서 젊은 세대의 생각이 제 생각과 같아지기를 바라는 경우가 많았고, 그것이 두 세대 사이의 갈등요인이 되어왔다.

그러나 젊은 세대의 민족관이나 역사관이 기성세대의 그것과 같아진다면, 그 민족사회의 모든 제도와 문화는 기성세대가 이루어놓은 수준에서 제자리걸음만 하고 더 나아가지 못하게 될 것이다. 젊은 세대의 민족관이나 역사관이 기성세대의 그것과 달라야만 그 민족사회 전체의 전진이 있고 발전이 있다는 사실을, 젊은 세대는 물론 기성세대가 아는 일이 요긴하다.

특히 기성세대 쪽에서 민족사회 전체의 발전을 위해 젊은 세대의 민족관이나 역사관이 자기 세대의 그것과 달라야 한다는 사실을 아는 일이 중요함을 강조하지 않을 수 없다. 모든 기득권을 가지고 있는 기성세대가, 같을 수 없고 또 같아서는 안 되는 젊은 세대의 생각을 억지로 제 쪽으로 끌어오려 하면, 두 세대 사이에 마찰과 갈등이 생겨서 결국 그 사회 전체가 파탄에 빠질 가능성이 커진다.

반대로 두 세대의 생각이 같을 수 없고 같아서도 안 된다는 사실을 특히 기성세대가 알고 있을 때, 두 세대 사이에는 오히려 양보와 조화와 화합이 이루어지고 사회 전체가 순조롭게 발전할 수 있는 길이 열리게 된다.

이렇게 보면 어느 민족사회든, 세대간 마찰과 갈등으로 파탄에 빠

앞을 내다보는 민족사 전체의 처지에서 보면,
남북을 막론하고 21세기 통일시대 민족사회의
주역이 될 젊은 세대가 기성세대가 끝내
버리지 못하는 적개심을 버리면 버릴수록 민족사의
앞날을 위해 다행스러운 일이 아닐 수 없다.

질 가능성이 더 큰가, 반대로 조화와 화해를 이루어 순조롭게 발전할 가능성이 더 큰가 하는 문제는, 기성세대와 젊은 세대의 생각에 차이가 있어야 한다는 사실을 두 세대 모두가 알고 있는가, 특히 기성세대가 얼마만큼 알고 있는가에 달렸다고 할 수 있다.

6·25를 경험한 우리 사회의 기성세대는 민족분단과 민족상잔 과정을 거치면서 불행하게도 민족의 다른 한쪽을 적으로 인식하는 민족관 내지 역사관을 가지고 살아왔다. 그들은 민족의 다른 한쪽을 동족으로 알고 평화롭게 통일해서 함께 살아야 하는 당위는 안다 해도, 정작 조문 문제 같은 일이 닥치면 갑자기 뇌리에 박여 있던 적개심이 되살아나서 열을 올려 반대하게 된다. 뿐만 아니라 젊은 세대의 대북관이나 민족관이 제 것과 한치도 달라서는 안 된다는 식의 '억지'주장을 펴게 된다. 처절했던 동족상잔 과정을 통해 깊이 못박힌 적개심이 고질이 되어버린 것이다.

기성세대의 고질은 고치기 어렵다 해도, 젊은 세대의 민족관과 역사관이 기성세대의 그것과 많이 달라져 가고 있는 점에는 희망을 걸 만하다. 6·25 이후 지난 40여 년간 모든 제도교육이 민족의 다른 한쪽을 적으로만 여기도록 가르쳤다 해도, 6·25를 경험하지 않은 세대의 대부분은 그리고 6·25와의 시차가 먼 세대일수록 기성세대가 주관하는 제도교육의 목적과 달리 민족의 다른 한쪽을 적으로 여기지 못할 뿐만 아니라, 동족으로 여기는 마음이 점점 커지고 있다는 사실을 확인할 수 있기 때문이다.

기성세대의 처지에서 보면 총질을 하며 싸운 민족의 다른 한쪽에 대한 적개심이 그대로 젊은 세대에게 이어지도록 가르칠 필요가 절실하며, 그런 가르침을 따르지 않는 젊은 세대가 세상 무서운 줄 모르는 철부지로밖에 보이지 않아 불안하게 마련이다. 그 때문에 민족의 한쪽을 적이 아닌 동족으로 보려는 젊은 세대의 시각 자체가 기성세대에게는 못마땅하고 심지어는 불온해 보이기까지 한다.

그러나 앞을 내다보는 민족사 전체의 처지에서 보면, 남북을 막론하고 21세기 통일시대 민족사회의 주역이 될 젊은 세대가 기성세대가 끝내 버리지 못하는 적개심을 버리면 버릴수록 민족사의 앞날을 위해 다행스러운 일이 아닐 수 없다.

분단시대 반세기를 통해서 분단과정과 상잔과정의 주역이었던 지금의 기성세대는 자기들의 민족관과 역사관을 근거로 하여 민족의 다른 한쪽에 대한 적개심을 스스로 높이고 또 가르치는 데 치중해 왔다 해도 과언이 아니다. 민족의 평화로운 통일과 발전을 앞당기기 위해, 이들 기성세대가 스스로 분단시대와 냉전시대적 민족관 및 역사관을 청산하고 그 적개심을 해소해 가는 것이 바람직하다. 그러나 기성세대 일반으로서는 쉬운 일이 아니다. 다만 민족사의 장래를 위해 젊은 세대의 민족관과 역사관이 자신들의 그것과 달라야 한다는 사실만이라도 기성세대가 인정하기를 바라지만, 그것마저도 쉬운 일이 아닌 것 같다.

그러나 중요한 것은 젊은 세대의 민족관과 역사관의 정립이다. 기성세대의 그것과 자신들의 그것이 달라야 하며, 기성세대는 대립과 분단의 시대였던 20세기 민족사의 주역이었지만, 자신들은 화해와 통일의 시대가 될 21세기의 주역이 되어야 하는 그 차이점을 절실하게 인식하는 일이 중요하다. 우리 근·현대사 위의 식민지화의 실패와 민족분단의 실패를 딛고 평화통일의 성공을 이루어가야 할 민족사적 책임과 영광이 젊은 세대 자신들의 것임을 아는 일이 중요하다.

그것을 알게 되면 우리의 젊은 세대가 기성세대와 그 제도 쪽에서 가해지는 끈질긴 저해와 억압에서 오는 좌절과, 그들 내부에서 싹트기 시작한 일정한 경제적 발달에 따른 향락주의에의 유혹 등을 모두 극복하고 21세기 민족사의 당당한 주역이 될 수 있으리라 믿어 마지 않는다. (2000. 11. 9)

백범과 군더더기 우익 | 현대사 연구의 객관성과 김구 암살사건

역사는 변하고 만다 | 20세기를 되돌아보며 | 내가 소망하는 21세기

20세기 한국사의 반성과 21세기의 전망 | 이완용도 어쩔 수 없었다니

3·1절이 돌아오면 | 8·15는 무엇이었나

백범과 군더더기 우익 | 현대사 연구의 객관성과 김구 암살사건

3. 역사는 변하고 만다

민족분단사를 통해 본 6·25전쟁의 의미 | 4·19를 어떻게 볼 것인가

조봉암의 재평가를 위하여 | 6·10민주화운동을 되새긴다

21세기와 시민운동 | 16대 대통령선거와 젊은 세대의 역할

새 대통령께 바란다 | 촛불행진, 반미인가 탈미인가

역사는 변하고 만다

대학의 사학과에 입학해서 역사학을 전공하기 시작한 지 올해로 꼭 50년이 되었다. 50년을 역사학과 씨름해서 얻은 것이 무어냐고 혹시 묻는다면, 이렇게 대답할 수 있지 않을까 한다. 세상에 아무것도 믿을 게 없다 해도, 역사가 변한다는 사실만은 믿어도 좋다는 진리를 터득했다고. 반백 년 공부해서 얻은 것치고는 너무 평범하지 않느냐고 말할지 모르지만, 그것으로 만족하고도 남는다. 왜냐면 그 진리를 안 일이야말로 험난한 세상을 큰 잘못 없이, 또 큰 후회 없이 살아온 원동력이었다고 생각되기 때문이다. 역사변화의 필연성을 말하려니, 옛일 하나가 생각난다. 1970년에 처음 일본에 가서 반년 있었을 때의 일이다. 잠깐씩 와 있는 사람들을 위해 마련된 어느 숙소에 들었는데, 그곳에 우리 연배 사람이면 대부분 그 이름을 알 만한 유명한 대중가요 작곡가가 함께 있었다. 당시 크게 유행한 그의 노래에 반한 어느 일본 국회의원이 초청해서 일본에 온 것이다. 나보다 열 살쯤 연장이었다고 기억되는 그 작곡가는 대단히 온화하고 교양 높은 신사였다.

마침 체코슬로바키아 국립교향악단의 일본 공연이 있었고, 일본 국회의원이 그와 함께 가기를 청했다. 당시의 체코슬로바키아는 사회주의 국가여서 우리에게는 이른바 적성국(敵性國)이었다. 일본에 올 때 이름만 들어도 소름끼치는 무서운 기관에 가서 반공교육을 단단히 받은 이 대중가요 작곡가는 후환이 두려워 우리 대사관에 가서 적성국 음악회에 가도 좋으냐고 묻지 않을 수 없었다.

대사관에서는 가지 말라 했다가 일본 국회의원의 동행 초청이라 듣고, 그렇다면 음악회에 가되 사후에 감상문을 제출하라고 했나. 음악회에 갔다 온 대중가요 작곡가는 감상문 제출할 생각에 짓눌려 음악이 전혀 들리지 않았다 했고, 그 말을 들은 우리는 무어라 위로할 말을 찾지 못했다. 중국 대학생들이 일본에 유학하기 시작하던 때여서, 유학생회관에서 그들과 함께 생활해야 할 우리 유학생들이 중국

학생들과 인사하거나 대화해도 좋으냐고 물어와서 대사관이 대답에 궁하던 그런 때였다.

수많은 젊은이들이 중국에 유학하는 지금에는 무슨 호랑이 담배 피우던 시절의 이야기냐고 웃을지 모르지만, 불과 30년 전의 일이다. 30년이 결코 짧은 세월이 아니라 해도, 만약 역사변화의 필연성이 거짓이라면 30년 아니라 300년이 되어도 이런 이야기가 호랑이 담배 피우던 시절의 일이 되지는 않을 것이다.

이같이 황당하던 시절의 이야기를 다시 꺼내는 까닭도, 못된 권력자들이 별 짓을 다해 막으려 해도 역사는 기어이 변하고 만다는 진리는 믿어도 좋다는 사실을 한번 더 강조하기 위해서다.

그런데 이 만고의 진리가 통하지 않는 곳이 있으니, 바로 우리 사회의 일각이 아닌가 한다. 6·25민족상잔을 겪은 세대에게는 북쪽은 분명 총부리를 맞대고 싸운 적이었다. 그러나 그 세대가 반공교육·반북교육을 통해 아무리 강조해도 민족상잔을 몸소 겪지 않은 세대에게는 북쪽이 적으로 인식되지 않고 동족으로 인식될 수밖에 없다. 왜냐면 그들은 본래 동족이니까. 지금의 젊은이에게 북쪽을 동족이 아닌 적으로 여기라고 강요하는 일은, 체코슬로바키아 음악회에 갔다 온 젊은이에게 적성국 음악을 들은 감상문을 요구하는 것과 다를 바 없다.

요즈음 신문광고란에서 친북파 명단을 공개하겠다는 '협박성' 광고를 더러 보게 된다. 북쪽과 친한 인사의 명단을 공개하겠다는 것은, 남쪽·사람은 북쪽과 친해서는 안 된다는 뜻이 들어 있고, 북쪽은 친해서는 안 될 적성지역이란 말이 되겠다. 그러면서도 어리둥절하게 하는 것은 그들도 차마 전쟁통일이나 흡수통일은 주장하지 못하고 평화통일을 말하고 있다는 사실이다.

북쪽을 적으로 간주하면서 전쟁이나 흡수가 아닌 평화통일을 내세우는 것은 어불성설이며, 이같이 말이 안 되는 소리가 지금의 젊은이들에게 납득될 리 없다. 그런데도 역사는 변하고 만나는 신리를 터득하지 못한 사람들에게는 지금이 반백 년 전 6·25전쟁 때와 같은 때로 인식되고 있는 것이다. 그들 개인의 불출인지, 우리 역사교육의 죄인지 분간하기 어렵다. (2002. 5. 12)

20세기를 되돌아보며

해를 넘기고 새해 첫날을 맞으면 설날이라 하여 특별히 마음을 가다듬게 마련인데, 그 새로운 가다듬음이 곧 더 나은 새해가 되게 했고 그것들이 쌓여 인간의 전체 역사를 발전시켜 왔다고 할 수 있다.

사람이 새로운 1년을 맞는 것은 어려운 일이 아니지만, 아직은 100년을 살기 어렵기 때문에 철이 든 후 100년을, 즉 세기가 바뀌는 것을 경험하기란 그리 쉬운 일이 아니다. 그런데 지금 우리는 천년이 새로 시작되는 순간을 경험하게 되었으니 행운이라면 굉장한 행운이라 하지 않을 수 없다. 그러나 달리 생각해 보면 행운이 큰 만큼 앞으로 올 새로운 백년과 천년을 지나간 백년이나 천년보다 더 나은 시대로 만들어야 할 책임이 따름을 알 수 있다.

천년을 회고할 겨를이야 없지만, 지난 20세기는 한마디로 세계사적으로는 다사다난한 세기였고 민족사적으로는 고난의 세기 그것이었다. 세계사적으로는 역사상 처음으로 사회주의 국가가 성립되었다가 한 세기가 다 가기 전에 거의 무너지다시피 했고, 처절한 제국주의 세계대전이 두 차례나 일어난 세기이기도 했다. 다행히 3차 세계대전은 일어나지 않았지만 6·25전쟁을 비롯한 크고 작은 지역전쟁은 20세기 후반기에도 지구 곳곳에서 계속되었다.

우리 민족사에 한정해서 생각해 보면 20세기 전반기는 제국주의 일본에게 강제지배당한 '억울한' 시기였다. 근대 이전까지도 문화적으로 일본보다 앞섰던 한반도 지역이 근대로 오는 길목에서 일본의 강제지배를 받게 된 원인은 무엇인가. 이를 철저히 규명하고 가르쳐야 하겠지만, 그보다 더 중요한 것은 강제지배에서 해방되는 과성이다. 세계사적으로도 식민지로 전락한 민족사회치고 독자적 능력으로 해방된 경우가 거의 없지만 한반도의 경우도 마찬가지였다. 35년간이나 민족해방운동을 펼쳤지만 독자적 능력으로 해방될 수 없었던 것이다.

급작스러운 흡수통일이 아닌
타협통일·협상통일을 확실하게 지향하는 경우,
통일은 이미 시작되었다고 봐도 좋을 것이다.

식민지배에서 제 힘으로만 해방될 수 없게 된 결과는 두 가지 역사적 후유증을 가져왔다. 그 하나는 일제 강제지배의 역사를 제대로 청산하지 못한 것이며, 또 하나는 민족사회가 남북으로 분단된 것이다. 좌·우익을 막론한 민족해방운동 전선이 독자적으로 민족해방을 전취했을 경우 일제 강제지배 시대를 통해 조성된 반민족세력에 대한 철저하고도 가혹한 숙청이 단행되었을 것은 당연한 일이었다.

그러나 특히 미국 군대가 점령한 38도선 이남의 경우 반민족세력에 대한 숙청은 전혀 이루어지지 않았을 뿐 아니라, 이후의 모든 통치기구에 그 세력들이 온존함으로써 근 반세기에 걸친 식민지배에 대한 청산이 단행될 수 없었다. 그 때문에 이후의 역사전개에 엄청난 부작용과 반작용을 가져왔다.

뿐만 아니다. 민족해방운동 과정에서 독자적 능력으로 제국주의 일본군의 항복을 받지 못하고 연합국에 의해 해방된 결과, 전승국들의 결정에 의해 즉시 독립이 아닌 유보 독립으로서의 신탁통치가 결정되었다. 그러나 신탁통치 문제를 두고 민족 내부가 찬반으로 엇갈린 결과, 통일민족국가 수립에 실패하고 결국 분단국가들이 성립되었다.

결과적으로 말하면 5년간의 신탁통치 문제를 두고 좌·우익의 의견이 엇갈림으로써 민족이 분단되고 처절한 전쟁을 겪고도 20세기를 넘기는 이 시점까지 50년 이상 분단상태가 계속되고 있는 것이다.

20세기 후반기 민족분단 시대 최고의 역사적 과제는 물론 민족의 재통일이었다. 50년대까지는 무력통일이 고집되다가 4·19 후의 평화통일운동, 70년대의 7·4공동성명, 90년대의 남북합의서 교환 등을 거치면서 이제 평화통일, 그것도 비흡수·평화 통일론이 어느 정도 정착해 가고 있다. 특히 90년대 말에 와서는 서해교전 같은 악조건이 있었는데도 금강산관광이 계속되는 등 남북 화해정책이 자리 잡아 가고 있다.

급작스러운 흡수통일이 아닌 타협통일·협상통일을 확신하게 지향하는 경우, 통일은 이미 시작되었다고 봐도 좋을 것이다.

한반도 지역은 전쟁을 겪고 또 분단된 상태이면서도, 남북이 함께 개최하지 못한 유감은 있지만 제2차 세계대전 후 독립된 민족사회로서는 유일하게 올림픽을 개최했고, 또 정치·경제·문화적으로 비교적 선두그룹에 들었다고 할 수 있다.

그럼에도 그 전반기를 식민지시대로 보내고 후반기를 분단시대로 보냈으며 분단상태가 아직도 지속되고 있다는 점에서, 한반도의 20세기사는 한마디로 불행한 역사였다고 할 수밖에 없다.

20세기에는 한반도 그 자체가 평화롭지 못했을 뿐만 아니라 전체 동아시아의 평화에도 기여하지 못한 시대였다. 이제 다가오는 21세기에는 한반도 지역이 평화롭게 통일되어 민족 내적 평화의 실현뿐만 아니라 동아시아 전체를 평화로운 지대로 만드는 데 적극적으로 기여할 수 있어야 할 것이다. (1999. 11. 12)

내가 소망하는 21세기

많은 사람들이 새로운 백년 및 천년의 시작을 앞두고 여러 가지 소망을 말하고 있지만, 한반도에 사는 7천만 주민들의 경우 지구상에서 유일하게 남은 분단민족 신세를 21세기에는 면하는 일이 가장 절실한 소망이 아닐까 한다. 한반도 주민으로서 생각이 있는 사람이면, 21세기에 거는 최대의 소망은 역시 민족의 통일이라 해도 좋을 것이다. 통일을 소망한다 하여 특별히 역사의식이 높거나 애족심이 강한 사람이라 말할 필요는 없다. 전체 한반도 주민 개개인이 20세기보다는 21세기를 더 낫게 살기 위해 혹은 더 평화롭게 살기 위해, 좀더 떳떳하게 살기 위해 가지는 소박한 소망이라 할 수 있다.

왜 분단문제가 해결되어야 하는가라고 물으면, 수천 년을 함께 살아온 동족이니까 다시 통일해

서 함께 살아야 한다고 말한다. 아니면 남북이 대결상태로 있으면 군
사비를 비롯한 엄청난 분단경비·대치경비가 들 뿐만 아니라 우리
젊은이들이 의무병제 때문에 직업군인제인 이웃 경쟁상대국 젊은이
보다 불리하다는 이유를 들기도 한다. 그러나 그런 불이익도 반세기
동안이나 감수해 왔기 때문에, 이제 예사롭게 되었다 해도 과언이 아
니다. 그것보다 더 중요한 이유가 있다.

　21세기에 한반도가 평화적으로 통일되어야 할 이유나 당위성은,
그것이 한반도 주민만의 문제가 아니라 동아시아 전체의 문제라는
점에 있다.

　20세기 후반기의 동아시아가 미·소 대립구도에 맡겨졌다면, 21
세기 동아시아는 이제 동아시아인의 동아시아가 될 가능성이 크며
또 그렇게 되어야 할 것이다. 일본이 경제대국에서 군사대국으로 변
하고 중국이 새로운 강대국으로 되어가고 있는데, 한반도는 아직 분
단된 채 그 북반부는 정치·경제·문화적으로 어쩔 수 없이 중국 쪽
에 기울고 있으며 그 남반부는 미국을 배경으로 한 일본 쪽에 기울고
있다.

20세기 후반기의 동아시아가 미·소 대립구도에
맡겨졌다면, 21세기 동아시아는 이제 동아시아인의
동아시아가 될 가능성이 크며 또 그렇게
되어야 할 것이다.

　한반도 지역은 병자호란 후 청국의 속국이 되었다가 근대로 오면
서 청일전쟁·러일전쟁의 원인이 되었고, 두 전쟁에 이긴 일본의 지
배를 받았다. 그로부터 벗어나면서 남북으로 분단되어 북쪽은 대륙
세력권에 남쪽은 해양세력권에 들어갔고, 통일전쟁 6·25전쟁을 겪
고도 분단상태로 20세기를 넘기게 되었다.

　중국과 일본 사이에 다리처럼 길게 놓인 한반도는 중세시대 이후
중국에 예속되었다가 일본에 지배되고 남북으로 분단되었을 뿐, 한
번도 독자적 위치를 확보해 보지 못했다. 또 몇 차례 전쟁의 원인지
역이 되었거나 전쟁터가 되었다.

　한반도의 통일문제를 두고 특히 남쪽에서는 아전인수로 한·미·일
동맹세력이 북한을 흡수 혹은 포섭하는 통일을 전망하는 경우가 많
지만, 이 전망은 중국·러시아 등 대륙세력이 허용하기 어려운 것이
라 할 수 있다. 그것은 마치 북한·중국·러시아의 동맹세력이 남한
을 흡수 혹은 포섭하는 한반도 통일을 일본과 미국이 허용하기 어려
운 것과 전혀 다르지 않다. 한반도의 통일이 그 지정학적 위치 문제
와 깊이 연관되어 있기 때문이다.

중국의 속국이 되고 일본의 지배를 받고 남북으로 분단된 때와는 달리 지금은 약육강식 시대가 아니며, 한반도 지역은 남북을 합쳐 인구가 7천만 명이나 되고, 당장은 남북이 경제적 어려움을 겪고 있다 해도 제2차 세계대전 후 독립한 민족사회 중에서는 정치·경제·사회·문화적으로 선두그룹에 든 지역이라 할 수 있다.

이같은 한반도 지역이 21세기 들어가서 미국·일본에도, 중국·러시아에도 치우치지 않고 동아시아에서 제3의 위치를 확보하면서 평화롭게 통일되기만 하면 한반도 주민들의 평화와 발전을 가져올 뿐만 아니라 중국·러시아 등 대륙세력과 일본·미국 등 해양세력 사이에서 두 세력의 대립과 맞부딪침을 해소하고 중화시킴으로써 동아시아의 평화를 담보하는 지역이 될 수 있을 것이다. 한반도에 사는 사람으로서 21세기에 거는 소망 중 이보다 더한 것이 있겠는가.

(1999. 12. 19)

20세기 한국사의 반성과 21세기의 전망

20세기 전반기 우리 역사의 반성

20세기 전반기의 우리 역사가 가야 할 길은 정치적으로는 국민국가를 수립하는 일이었고, 경제적으로는 국민경제체제를 수립하는 일이었다고 할 수 있다. 그러나 일본의 강제지배를 받게 됨으로써 이 두 가지 역사적 과제는 모두 이루어지지 못했다. 일제 강점시대 전체를 통해 일본 총독에 의한 전제주의적 통치체제가 계속되었고 근대적 민족경제체제의 수립은 불가능했다.

일제의 강제지배에서 벗어나는 최선의 길은 민족해방운동 자체의 투쟁으로 독립하는 길이었다. 그렇게 되면 해방 후 전승국에 의한 신탁통치도 또 남북분단도 있을 수 없는 일이었다. 그러나 좌우익을 막론하고 우리 민족해방운동 세력의 독자적 군사력만으로 일본과 싸워 해방하기는 실제로 불가능에 가까운 일이었다. 해방의 차선의 방법은 좌우익을 막론한 우리 민족해방운동 군사력이 일본 제국주의를 패망시킬 연합군의 일원으로 싸워서 그 항복조인에 합석하는 일이었다.

그러나 불행하게도 상해에 있다가 중경으로 옮겨간 대한민국 임시정부를 비롯해서 조선독립동맹 등 어느 민족해방운동 단체도 연합국의 승인을 받지 못했고, 따라서 우익의 한국광복군이나 좌익의 조선의용군 등 우리 민족해방운동의 군사력이 일본 제국주의를 패망시킬 연합군의 일원이 되지 못한 채 일제의 패망이 왔다. 그리하여 미국을 중심으로 하는 연합국이 해방 후 한반도를 신탁통치하기로 결정된 상태에서 일본이 패망하게 된 것이다.

20세기 후반기 우리 역사의 반성

한반도는 미국 군대가 독점적으로 점령한 상태에서 해방되지도 못했고, 반대로 소련 군대가 독점적으로 점령한 상태에서 해방되지도 못했다. 늦게 참전한 소련군이 한반도의 북쪽에서 진격해 오고 미군의 최전방부대가 겨우 오키나와를 점령한 상태에서, 소련군이 한

한반도가 통일되어 제3의 위치를 확보한다면
중·일 대립을 완충하고 동아시아의 평화를 담보할
수 있을 것이다. 또 세계사의 추세에 따라 혹시
동북아시아 공동체가 성립되는 경우도, 한반도
지역이 평화롭게 통일될 때 가능해질 것이다.

반도 전체를 점령할 것을 우려한 미국에 의해 38도선이 제의되었다. 이어 소련이 이를 수락함으로써 38도선이 획정되고, 미군이 그 남쪽에서 소련이 그 북쪽에서 일본군의 항복을 받는 조건 아래서 해방되었다.

38도선을 경계로 미·소 양군이 분할 점령했다 해도, 모스크바 3상회의 결정에 따라 미소공동위원회가 각 정당·단체 중심으로 남북한을 아우르는 통일임시정부를 수립하고, 그 정부가 5년 동안 미·영·중·소 등 4개국의 신탁통치를 받으면서 전체 한반도를 다스린 후 다시 총선거를 실시하여 가장 득표를 많이 한 정치세력이 여당이 되면서 정부를 수립하고 완전 독립하는 길이 있었다.

그러나 한독당·한민당 등 우익세력이 신탁통치를 반대하면서 즉시 독립을 주장하고 나섰다. 반대로, 공산당·인민당 등 좌익세력은 신탁통치 5년 후 총선거 실시에 의한 완전독립 방안을 수락했다.

한편 미소공동위원회에 참가하는 정당·사회단체 선정 문제를 두고 미국과 소련 사이에 이견이 있은 것도 미소공동위원회를 통한 남북 통일임시정부 수립을 불가능하게 한 원인의 하나가 되기도 했다.

38도선이 획정되고 미·소 양군이 분할 통치하고 있는 상황에서 친미 우익세력에 의한 남북 통일정부 수립도, 또 친소 좌익세력에 의한 남북 통일정부 수립도 현실적으로 불가능한 일이었다. 친미 우익세력 중심의 남북 통일정부 수립을 소련과 좌익세력이 용납하기 어려웠고, 반대로 친소 좌익세력 중심의 통일정부 수립을 미국과 우익세력이 용납하기 어려웠기 때문이다.

결국 통일민족국가를 수립하는 경우, 대외적으로는 친미·반소도 아니고 친소·반미도 아닌 국가, 대내적으로는 순수 자본주의 체제도 아니고 순수 사회주의 체제도 아닌 성격의 국가가 되어야 할 터인데, 당시의 정치적 상황에서는 불가능한 일이었다.

이후 6·25전쟁으로 처음에는 북쪽의 사회주의 세력에 의해 통일될 뻔했으나 유엔군의 참전으로 불가능했고, 다음에는 남쪽의 자본주의 세력에 의해 통일될 뻔했으나 중국군의 참전으로 불가능했다. 그리고 분단은 계속되었다.

21세기 우리 역사에 대한 전망

21세기 동아시아는 중국과, 미국을 배경으로 한 일본이 대립하는 구도로 갈 가능성이 크다고 할 수 있다. 그런 상황에서 한반도가 분단된 채로 있다면, 좀 심하게 말해서 그 북반부는 중국의 부속지역, 남반부는 미국을 배경으로 한 일본의 부속지역으로 될 가능성이 크다고 할 수 있다.

반대로 한반도가 통일되어 제3의 위치를 확보한다면 중·일 대립을 완충하고 동아시아의 평화를 담보할 수 있을 것이다. 또 세계사의 추세에 따라 혹시 동북아시아 공동체가 성립되는 경우도, 한반도 지역이 평화롭게 통일될 때 가능해질 것이다.

한반도의 남북 분단국가들은 1990년대 이후 모두 무력통일은 말할 것 없고 독일식 흡수통일도 반대하면서 불가침조약을 체결했다. 북한이 동독과 달라서 쉽게 무너지지 않는다는 점, 설령 쉽게 무너진다 해도 남한이 그 뒷감당을 하기 어렵다는 점 등이 고려된 것이라 하겠다.

무력통일과 흡수통일이 아닌 비흡수·평화 통일은 곧 타협통일·협상통일을 말한다고 할 수 있다. 타협통일·협상통일에는 인내와 시간과 양보가 따를 수밖에 없다. 21세기 들어 남북 쌍방이 긴 시간을 두고 인내와 양보를 통해 통일문제를 해결해 나갈 수밖에 없을 것이다. (1999. 10. 20)

이완용도 어쩔 수 없었다니

최근에 와서 우리 사회의 복고주의·상대주의·상황주의가 심해지고, 그 때문에 역사적으로 옳고 그른 것의 판단이 흐려지는 일종의 몰가치론적 문화현상이 심화되고 있음을 걱정하지 않을 수 없다. 옛것이고 우리 것이면 모두 좋다는 식의 복고주의나, 어떤 역사적 사실을 두고 옳고 그름을 가리지 못하는 상대주의나, 그 상황에서는 그럴 수밖에 없었다는 식의 상황주의적 인식에 빠져버리면, 그 사회는 역사실패를 되풀이할 위험이 크다.

이완용이 아니더라도 별도리가 없었지 않겠느냐, 일본이 국권을 강탈한 것이지 왕실이 무슨 죄가 있느냐는 식의 역사인식이 나타나는가 하면, 4·19묘소를 국립묘지로 승격시키면서도 한편에서는 이승만찬양론이 나오고 있다. 이렇게

의병과 독립군의 죽음도 의로웠고, 이완용의
매국도 부득이했다는 논리가 성립될 수 있을까.

가다가는 광주 5·18묘지를 성역화하고도 전두환·노태우 찬양론이
나오지 말라는 법이 없지 않을까 걱정이다.

재론하는 일조차 구차스럽지만, 우리의 건망증 문화가 너무 심해
서 다시 한번 '진상규명'을 하지 않을 수 없다. 승산 없는 전쟁인 줄
알면서도 싸우다 죽는 의병이 4만 명이 넘을 때, 내각총리대신 이완
용은 라이벌 송병준에게 공을 빼앗기지 않으려고 '합방'을 서둘렀고
그 결과 일본의 귀족이 되었다. 독립군 전사들이 만주벌판에서 죽어
갈 때 이완용은 호의호식하고 와석종신했다. 일본인들조차 이완용
이 제명에 죽은 것은 조선사람들에게 천추의 한이 되리라 안타까워
했다 한다. 의병과 독립군의 죽음도 의로웠고, 이완용의 매국도 부득
이했다는 논리가 성립될 수 있을까.

왕실이 국권을 스스로 내주지는 않았고 빼앗긴 것이 사실이다 하
자. 그러나 왕족들이 35년간 일본귀족이 되어 우대받고 살 때, 그 백
성이었던 민중들은 민족해방운동 전선에서 목숨을 초개같이 버렸
다. 왕족은 겨우 한 사람이 국외로 탈출하려다가 잡혔을 뿐이다. 국
권회복을 위해 풍찬노숙하다 죽은 독립군도 역사적으로 옳고 일본

귀족이 되어 영화를 누린 왕족도 우리 왕족이니까 옳게 보자는 말인가.

총독부 건물을 헐고 그 자리에 왕궁을 복원한다는데, 그것을 관광자원 복원으로만 볼 수 있을까. 우리 것이라면 반역사적인 것이라도 모두 가치 있는 것으로 보고 또 복원해야 할까. 우리말도 제대로 못 하는 왕족이란 사람이 민주공화국 시대에 황손을 자칭하면서 "비정치적 차원에서의 황실 복위" 운운하는 것도, 혹시 국민의 혈세로 왕궁이 복원되는 데 힘입은 것은 아닐까.

역사적 인물이라 경칭은 생략하고, 이승만이 대한민국 초대 대통령인 것도 사실이지만 단선·단정론자, 즉 분단국가 수립론자요 독재자인 것도 사실이다. 그 이승만도 역사적으로 옳고, 민족분단을 반대하고 통일국가 수립을 고집하다가 더러운 하수인의 손에 암살된 김구도 역사적으로 옳단 말인가. 국립묘지에 묻힐 만큼 이승만도 역사적으로 정당하고, 장소는 다르지만 역시 국립묘지에 묻혔으니 4·19영령들도 정당하다는 것이 우리식 역사인식이다. 중·고등학교 역사선생님들이 어떻게 가르칠까 정말 걱정스럽다.

이승만찬양론이 나왔으니 곧 박정희찬양론도 나올 법하다. 정치·사회·문화 부문에 엄청난 군사문화의 악폐를 끼치고도 재벌중심의 경제발전이 성과가 있었다 해서 그 정권의 역사성을 긍정하고 또 그 독재와 싸운 민주화운동의 역사성도 높이 평가하는 식이라면, 전두환·노태우 정권의 성립도 옳았고 5·18영령들의 저항도 옳았다는 해석이 나올 법도 하다.

역사적으로 상반되는 두 가지 사실의 가치를 모두 인정하는 것은 가치 있는 것이 없다는 것과 같으며, 몰가치적 역사인식은 씨 없는 열매와 같다. 몰가치성의 문화 바탕에서는 일본의 식민지배 긍정론에 반대할 이유가 없어지지 않을까 걱정이다. (2000. 11. 9)

3·1절이 돌아오면

3·1절은 해마다 돌아오게 마련이며 그것을 맞을 때마다 되새김이 다르게 마련이다. 일제 강점시대의 3·1절은 당연히 조국해방의 결의를 고취시키는 계기가 되었고, 해방 후라 해도 3·1절이 오면 우리 민족사회는 어쩔 수 없이 일본과의 역사적 '악연'을 되새기게 된다. 일본의 강제지배에서 벗어난 지 57년이 되는 올해에는 월드컵인가 하는 세계적인 행사를 역사상 처음으로 일본과 공동개최하기 위해 분주한 속에서 3·1절을 맞게 되었다.

전세계인의 관심거리인 행사를 공동개최하려면 당연히 두 나라 사이의 격의 없는 우호관계와 협력이 필요하다. 일본의 강제지배에서 벗어난 지도 반세기가 지난 시점이요 또 새로운 세기에 들어선 시점이기도 해서, 그 침략을 받았던 민족

중 유난히 높다던 우리 민족의 반일감정도 남한에 한정된 상황이긴 하지만 어느 정도 수그러드는 듯했다. 그리고 21세기 파트너십 운운하고 대중문화 개방 등이 기도되면서, 얼마 전만 해도 한·일간의 화해분위기가 어느 때보다 높아가기도 했다.

그런데 이런 때면 대개 일본 쪽에서 뒤통수를 치게 마련인데, 이번에도 교과서 문제니 그 수상의 신사참배 문제니 해서 화해분위기에 찬물을 끼얹는 일들이 벌어지더니, 신사참배를 한 장본인이 와서 또 무어라 적당히 얼버무리고 돌아갔다.

그러면서 일본인들은 흔히 똑같이 강제지배를 받은 지역인데도, 예를 들면 대만 같은 데는 반일감정이 그렇게 강하지는 않은데, 한국은 왜 지금까지도 계속 반성하라 사죄하라 하면서 걸핏하면 반일시위인가 하고 '짜증'을 내기도 한다.

대만의 반일감정이 실제로 그렇게 높지 않은지 아니면 일본인들의 일방적 판단인지 모르지만, 대만은 일본의 강제지배를 받았을 때 한국과 같은 독립국이 아니라 중국의 한 지방에 지나지 않았다. 또 한국과 같이 역사적으로 일본에 선진문화를 전달해 주는 위치에 있지도 않아서, 대만을 한국과 같은 위상에 두고 강제지배에 대한 뒤처리를 해결하려는 것은 잘못된 것이다.

그런 문제는 덮어두고라도 아시아에서는 처음 열리고 또 공동개최도 처음인 이번 월드컵대회가 원만하게 추진되기를 바라면서도, 한국인의 배일감정이 수그러들지 않는 원인의 하나가 오히려 일본 쪽에 있지 않는가를, 한국인들의 배일감정이 수그러들 만하면 일본의 어느 켠에선가 다시 불을 질러 긴장관계가 유지되게 하는 것이 아닌가를 의심하게 되는 것이다. 월드컵 공동개최를 통해 이 의심이 얼마나 가셔질지 두고 볼 일이다.

3·1절이 돌아오면 일본을 생각하게 되는 한편, 또 어쩔 수 없이 민족이란 것을 생각하지 않을 수 없게 된다. 민족이란 무엇인가, 그것은 언제부터 성립되었는가 하는 문제를 발할 때, 동·서양 사이에 어느 정도 차이가 있게 마련이다. 그럼에도 대체로 말해서 민족이란 혈통·언어·문화·역사와 함께, 요즈음 특히 강조되는 소속감을 같이하면서 뭉친 일종의 운명공동체로 인식되는 집단이라 할 수 있다.

우리의 경우 근대적 민족은 외세침략에 저항하면서 성립되었다고 할 수 있다. 예를 들면 항일운동의 경우 가령 그것이 양반계급에게만 이익이 되고 상민들에게 해가 되거나, 남자에게만 이익이 되고 여자에게는 불이익이라면, 상민들이나 여자들이 그 운동에 가담할 리 없거니와, 그런 것은 민족운동이 될 수 없다.

3·1운동은 전국 방방곡곡에서 양반도 상민도 남자도 여자도, 그야말로 각계각층이 참가한 거족적 운동이었으니 명실공히 항일민족운동이었다.

그로부터 80년이 지난 지금, 우리의 거족적 민족운동의 대상은 무어라 해도 민족통일일 수밖에 없다. 남북을 막론하고 남녀를 막론하고 노동자도 농민도 지식근로자도 빈민도 자산계급도 한반도 주민인 이상, 모두 이 운동을 지지하고 또 참가하면서 평화통일을 희원하고 있다. 평화통일운동이 3·1운동처럼 전체 민족구성원이 참가한 거족적 민족운동이 되고 있는 것이다.

항일민족운동 노선에서 탈락했던 부분이 있었던 것과 같이 평화통일운동 노선에 동참하지 못하는 부분이 있을 수 있게 마련이지만, 1919년 3·1운동에서 시작되었다고도 할 수 있을 우리의 근대 민족운동이 지금에는 평화통일운동의 큰길로 이어지고 있다.

이제 일본과의 '악연'에 시달리게 하는 3·1절에서 벗어나 민족의 통일을 더 생각하는 3·1절로 그 인식이 바뀔 때가 된 것이다.

(2002. 2. 28)

8·15는 무엇이었나

일본 총리 고이즈미가 8·15 당일을 살짝 피해서 전쟁범죄자들의 위패가 있는 야스쿠니 신사를 참배해서 말썽이 되었지만, 그 8·15가 어느새 쉰여섯 번이나 지났다. 지금의 우리 인구 중 8·15를 겪은 사람이 몇 퍼센트나 되는지 모르나, 56년 전 8·15는 한마디로 환희 그것이었다. 일본 국기를 가지고 변조한 태극기를 흔들며 미친 듯이 환호한, 무슨 말로도 대신할 수 없는 해방 그것이었다. 그러나 그 감격이 조금씩 잦아들면서 8·15는 어쩔 수 없는 민족분단의 출발점이 되어갔다.

일제 강점시대의 민족해방운동에 우익전선도 있었고 좌익전선도 있었으며, 그 위에 38도선이 그어지고 미·소 양군이 분할 점령한 상태에서 8·15를 맞게 되었으니 그것은 분명 민족분단의 계기가 될 만했다. 그렇다 해도 분단을 막고 통일된 민족국가를 건설하려는 방안들이 강구되지 않은 것은 아니었다. 민족사회 안에서 좌·우익이 대립하고 자본주의 미국과 사회주의 소련이 분할 점령한 조건 아래서 통일민족국가를 수립하려면, 좌·우익 연립정부 아니면 극좌와 극우를 배제한 중도파 정권을 세우는 길이 있었다.

8·15 전 민족해방운동 전선의 좌·우익 세력도 해방 후 하나의 민족국가를 건설해야 했기 때문에 임시정부 건국강령에서 보는 것과 같이 자본주의 체제와 사회주의 체제를 혼합한 건국방안들을 강구했다. 그러나 20세기 전반기를 통해 국토가 강점당함으로써 민족구성원 전체가 근대적 정치경험을 전혀 쌓을 수 없었던 조건과, 38선을 경계로 미·소 양군이 분할 점령한 상황에서 8·15를 맞게 됨으로써 통일민족국가 건설에 실패하고 말았다. 결국 우익은 38도선 이남에 친미 자본주의 국가를 만들고, 좌익은 그 이북에 친소 사회주의 국가를 만들게 된 것이다.

근대 이후 우리 민족은 크게 두 번이나 실패했다. 20세기 들어서면서 타민족에게 국토 전체를 강점당하고 그 지배를 받게 된 것이 첫번째 실패요, 20세기 후반기로 들어서면서 민족사회가 남북으로 분단되어 서로 싸우고 대립한 것이 두번째 실패다. 이제 21세기로 들어서면서 앞선 두 번의 실패를 만회할 세번째 기회가 오고 있다. 평화통일의 길로 들어선 것이 그것이다.

어떤 의미에서는 지금 우리 민족사는 다시 8·15의 원점에 섰다고도 할 수 있다. '8·15 공간'에서도 민족사회의 내·외적 조건이 남북 어느 한쪽 권력이나 체제가 일방적으로 다른 쪽을 지배하는 식의 통일민족국가 건설은 불가능했다.

그로부터 반세기가 지난 지금도 한반도의 경우 통일문제는 별다를 것이 없다고 할 수 있다. 한쪽 권력 및 체제가 일방적으로 주도하는 통일, 즉 베트남식 전쟁통일도 독일식 흡수통일도 불가능하다는 사실을 아는 일이, 우리 통일문제를 옳게 해결해 가는 전제조건이라 할 수 있다.

'8·15 공간'에서는 통일민족국가 수립방안으로 좌우 연립정부안 및 중도파 정부안 등이 논의되거나 기도되었으나 결국 실패했다. 이후 남북 분단국가들이 성립되었다가 반세기가 지난 지금 다시 통일,

'8·15 공간'의 역사적 진실을 이해하는
민족구성원의 수를 늘려가는 일이, 곧 앞으로의
민족사 실패를 방지하는 지름길이 될 것이다.

그것도 평화통일이 기도되면서 연합제니 낮은 단계 연방제니 하는
방안들이 제시되고 있다. '8·15 공간'의 실패를 되풀이하지 않고 평
화통일을 이루기 위해서는 무엇을 해야 할 것인가. 무엇보다도 우리
사회에 끈질기게 남아 있는 '8·15 공간' 분단책동세력의 후신이라
할 반통일세력을 청산해 가야 한다.

건망증이 심한 민족사회는 역사 실패를 거듭하게 마련이다. 그동
안 '8·15 공간'에 대한 객관성 있는 역사가 어느 정도 밝혀졌고, 해마
다 돌아오는 8·15가 어느새 쉰여섯번째가 되었다. 그렇지만 '8·15
공간'의 우리 역사가 무엇이 잘못되어 해방이 아닌 분단의 출발점이
되고 말았는가를 제대로 아는 사람이 얼마나 될까 의문스럽다.
'8·15 공간'의 역사적 진실을 이해하는 민족구성원의 수를 늘려가는
일이, 곧 앞으로의 민족사 실패를 방지하는 지름길이 될 것이다.
8·15가 돌아올 때마다 그 역사에서 무엇을 배울 것인가 냉철히 생
각해 봐야 한다. (2001. 8. 17)

백범과 군더더기 우익

역사적 진실은 반드시 밝혀지게 마련이지만, 우리 현대사 최대 의문점의 하나인 백범 암살의 배후가 미국 쪽 자료공개에 따라 밝혀지고 있다. 구체적인 배후가 극우세력이었건 이승만정권이었건 미국이었건 백범 암살의 원인을 간추려보면, 북쪽의 좌익세력과 협상하여 통일민족국가를 건설하려 했기 때문이라 할 수 있다.

좌·우익 대립이 극심했던 해방공간에서 좌익과 손잡고 통일국가를 건설하는 데 결과적으로 목숨을 건 것이 되었지만, 민족해방운동 전선에서나 해방공간에서의 백범은 누가 뭐라 해도 우익 중에서도 골수 우익이었다.

명성황후의 원수를 갚는다고 일본군 장교를 죽일 때의 백범은 왕당파였다고 할 수 있겠고, 그런 백범이 공화주의자가 되어 상해 임시정부에 참가한 것은 기독교로의 개종이 계기가 되었다고 할 수 있을 것이다. 이후 백범은 골수 우익으로서 임시정부 고수파로 일관했다. 중국 관내지역의 우리 민족해방운동 전선이 기존의 모든 단체와 임시정부까지도 해체하기로 하고 좌·우익 통일전선정당 조선민족혁명당을 발족시킬 때도 백범은 이에 참가하지 않고, 각료회의가 성원될 수 없을 만큼 고단해진 임정을 고수했다.

그런 백범도 일제의 패망이 가까워지자 바뀌어갔다. 민족해방운동 전선에는 우익도 있고 좌익도 있었지만, 해방 후 귀국하여 하나의 민족국가를 건설해야 했기 때문에 골수 우익 백범도 좌익과의 통일전선에 발벗고 나선 것이다. 임시정부를 좌·우익 연립정부로 만들었고, 중국공산군 근거지 연안(延安)에 있던 조선독립동맹과의 통일전선을 기두한 일 등이 그것이다.

해방 이후 38도선이 그어지고 미·소 양군이 분할 점령하는 조건에서 신탁통치 문제로 좌·우익이 극한적 대립을 하게 되었을 때, 백범은 반탁노선을 고집하면서 임정 안의 좌익계와 결별했다. 그러나 이승만과 한민당의 반탁운동이 단선·단정, 즉 분단국가 수립 노선

현대판 참 우익이 있어 제 목소리를 낸다 해도
백범처럼 희생되고 말 만큼 우리 평화통일의 역사는
아직도 설익었는가.

으로 가게 되자 다시 그들과 결별하고 좌익과 협상해서 통일민족국
가를 수립하는 노선으로 나아갔다. 그것이 실패하고 남북에 두 분단
국가가 성립된 후에도 그는 유엔을 상대로 계속 통일민족국가 수립
운동을 벌이다가 결국 목숨을 잃었다.

　백범은 해방공간의 우리 사회에 군더더기 우익이 있다고 했다. 점
잖은 표현을 썼지만, 일제 강점시대의 민족해방운동 전선에 참가하
지 않았으면서도 해방 후에는 우익으로 자처하면서 민족문제에 나
름대로 발언권을 가지려 하거나, 미국에 기대어 분단국가를 만들고
그 권력 속에서 안주하려 하거나, 친일 반민족행위자였으면서 시치
미를 떼고 우익행세를 하는 가짜 우익을 두고 한 말일 것이다.

　역사는 우회할 수는 있을지언정 결국 가야 할 방향으로 가게 마련
이다. 백범이 좌익과의 협상을 통한 통일민족국가 수립 노선을 고집
하다가 목숨을 잃은 때로부터 반세기가 지난 지금, 6·15공동선언이
나오고 모처럼 협상통일의 길이 다시 열렸다. 그러나 지금도 우익과
보수를 자처하는 세력에 의해 다시 열린 그 길이 가시밭길이 되어가
고 있다.

백범이 통일민족국가 건설을 가로막고 단선·단정의 길로 치닫는 군더더기 우익과, 험난했던 민족해방운동 전선의 골수 우익이면서도 해방 후에는 민족분단을 막고 통일된 국가를 건설하기 위해 좌익과 협상할 수 있는 참 우익을 구분했던 것처럼, 지금의 우익과 보수를 자처하는 사람들을 두고 백범과 같은 참 우익과 군더더기 우익으로 구분할 수 있지 않을까 하는 생각이다.

뚜렷한 현실적 대안을 못 가졌으면서도 북과의 화해나 협상을 발작적으로 반대함으로써 제 존재이유를 찾으려 하는 현대판 군더더기 우익이 아니라, 한반도의 경우 베트남식 전쟁통일은 물론 독일식 흡수통일도 불가능하며 설령 가능하다 해도 해서는 안 됨을 알고 북과의 협상에서 통일의 길을 찾으려 하는 백범과 같은 참 우익이 많지 못한 원인은 어디에 있는가.

현대판 참 우익이 있어 제 목소리를 낸다 해도 백범처럼 희생되고 말 만큼 우리 평화통일의 역사는 아직도 설익었는가. 군더더기 우익을 경계한 백범의 암살 배후가 드러나면 날수록 역사학 전공자의 책임이 태산처럼 무겁게 느껴진다. (2001. 9. 7)

현대사 연구의 객관성과 김구 암살사건

역사는 현재를 비추는 거울이라 한다. 오늘을 사는 우리의 차림새나 걸어가는 방향이 올바른가 그렇지 못한가를 비추어보는 거울이라는 말이다. 그렇다면 만약 우리의 모습을 좀더 세밀하게 비추어보기 위해 고대나 중세를 비추는 거울과 근대나 현대를 비추는 거울을 따로 두고 본다면, 앞의 거울에서보다 두번째 거울에서 지금의 우리 모습을 더 선명하게 볼 수 있을 것임을 쉽게 짐작할 수 있다.

흔히 고대나 중세를 바르게 비추는 거울보다 근대나 현대를 바르게 비추는 거울을 마련하기가 더 어렵다고 생각하는 경우가 있다. 고대나 중세는 지금의 우리와는 거리가 더 멀기 때문에 비교적 객관적으로 볼 수 있지만, 근대와 현대는 지금의 우리와 거리가 너무 가까워서 객관적으로 보기 어렵다고 생각하는 것이다.

정 그렇다면 역사의 거울을 보는 사람이 모두 늙어 원시안이 되었다는 말이 되겠는데 반드시 그런 것만은 아니다. 정상적인 눈은 먼 곳이나 가까운 곳 모두 바로 볼 수 있어야 하며, 그중에서도 가까운 곳이 더 잘 보이는 것이 일반적이다.

그러나 식민지시대를 겪은 우리 민족의 역사학은 근대나 현대를 객관적으로 바로 보기에는 많은 어려움이 있었다. 식민지시대를 산 사람들에게는 민족사의 근대는 식민지가 되어가는 과정이었고, 현대사는 식민지배의 질곡에 빠져 있던 때의 그것이었다. 식민지시대를 산 사람들이 근대나 현대사의 거울을 보는 목적은 무엇이 잘못되어 식민지로 되었는가, 어떻게 하면 식민지배에서 해방될 수 있는가를 알아내는 데 있었디. 그러나 그것을 일아내려고 하는 일 자체가 곧 식민지화의 원인을 추구하고 또 탈식민지 방법을 추구하는 일이었으므로, 식민지배 구조가 허용하지 않았던 것이 사실이다.

이 때문에 무엇이 잘못되어 식민지가 되었는지, 어떻게 하면 식민지배에서 벗어날 수 있는지를 비추어주는 역사의 거울은 박은식이나 신채호와 같이 직접 민족해방운동에 참가해 활동한 사람들이나 마련할 수 있었다.

국내의 식민지배체제 아래서 역사학을 한 사람들은 위험부담이 없는 역사, 예를 들면 고대사회의 어느 부족들이 모여 산 지역이 어디쯤이었는가를 밝히는 일에 전념하거나 근대사를 말한다 해도 대원군과 민비가 어떻게 싸웠는가를 밝히는 정도에 머물 수밖에 없었다. 그러면서 역사란 먼 시대를 볼 때 더 정확하게 보이고 가까운 시대는 정확하게 보기 어렵다, 가까운 시대의 역사를 바로 볼 수 있는 것은 상당한 시간이 흐른 후라야 가능하다고 '변명'했다.

이같은 식민지시대 국내 역사학의 '변명'을 부득이한 것이었다고 이해한다 하더라도, 문제는 일본의 식민지배가 일단락된 후에도 이런 '변명'이 그대로 유지되었다는 점에 있다.

불행하게도 일제 식민지배의 종식은 바로 민족분단으로 연결되었고 이제 분단시대사가 현대사가 되었다. 따라서 우리 현대사는 분단의 원인이 무엇이며 그 과정은 어떠했는가, 민족문제 해결의 올바른 길은 어디에 있으며 그것을 저해하는 정치·경제·사회·문화적 요

같은 나라 안에서 같은 시대에 암살범이 국군에
복귀하여 고급장교가 되는 한편, 암살당한 사람은
독립유공자로 표창되어 민족지도자로 추앙되고
거대한 동상까지 세워지는 이 이율배반을 우리
현대사는 전혀 설명하지 못하고 있다.

인은 무엇인가, 그것을 극복하는 길은 어디에 있는가 하는 문제를 정
확하게 객관적으로 밝히는 데 있으며, 이것이야말로 우리 시대 역사
학의 최대 과제의 하나가 아닐 수 없다.

그러나 이 경우에도 우리 역사학은 분단체제의 덫에 걸려 식민지
시대와 꼭 같이 현대사를 연구하고 가르치는 일 자체를 "객관성을
가지기 어렵다"고 '변명'하면서 아예 기피하거나, 아니면 분단체제를
정당화하면서 그것에 봉사하는 현대사를 쓰고 가르치는 일을 계속
해 왔다. 그 결과의 하나가 김구 암살범 안두희의 배후고백 문제에서
잘 드러난다고 할 수 있다.

김구 살해범 안두희가 암살사건의 배후라는 것을 밝힘으로써 세
상을 떠들썩하게 하고 있지만, 우리 역사를, 그것도 근·현대사를 전
공하는 사람의 처지에서 보면 신문을 비롯하여 모든 사람의 관심이
안두희가 털어놓은 배후가 맞느냐 맞지 않느냐 하는 데 집중되면서
또 한번 한때의 이야깃거리가 되어버리고 말 것 같은 느낌이 들어 안
타깝다.

김구 암살사건을 특별히 과대평가할 생각이 없다 해도, 그것은 분

명히 하나의 역사적 사건이었다. 따라서 이 사건의 동기나 배후도 어디까지나 역사적으로 설명되어야 하며, 그것은 이른바 '해방공간'과 분단국가 성립 초기의 우리 역사에 대한 정확하고도 객관성 있는 규명과 이해가 있을 때 가능하다.

그러나 불행하게도 이 역사적 사건에 대한 우리 학계의 객관성 있는 연구는 거의 백지상태이며, 이 때문에 이 사건은 아직도 하나의 이야깃거리 수준에 머물고 있는 실정이다.

김구 암살사건의 원인은 한마디로 그가 분단국가의 정당성을 인정하지 않으려 한 데 있었다고 할 수 있다. 남한 단독선거로 국회가 개원된 후 어느 신문기자가 "국회 개회식 때 이승만 박사가 대한민국 임시정부 법통 계승을 언명하였는데 이에 대한 주석의 견해"를 물었다. 이에 대해 김구는 "현재 국회의 형태로서는 대한민국 임시정부의 법통을 계승하는 아무 조건도 없다고 본다"며 이승만정권의 임정 법통 계승을 정면으로 부인했다.

이후에도 김구·김규식 등 이른바 중도파세력은 "민족문제의 자주적 해결을 기함" "민족강토의 일체 분열공작을 방지함" 등을 강령으로 하는 통일독립촉진회를 결성하여 유엔에 대해 "통일과 독립과 평화의 조국을 건립하기 위하여 남북을 통한 진정한 민주주의 정부를 조직하려는 다수 한인의 대표적 의사를 귀회에 충분히 진술하기 위하여 본회는 대표를 귀회에 참석시킬 것을 요청한다"는 서신을 보내고, 그해 파리에서 개최된 유엔총회에 이승만정권과는 별도로 김규식을 대표로 파견하려 했으나 실현되지 않았다.

그러나 남북한을 통한 통일국가를 수립한다 하고 한국문제를 떠맡았다가 결국 분단국가를 만들고 만 유엔에 대한 김구세력의 항의와 추궁 그리고 그의 분단국가에 대한 정당성 부인은 해를 넘겨 1949년에도 계속되었고 그것이 결국 그의 죽음으로 연결되었다. 이렇게 보면 김구 암살범의 입을 통해 몇 사람의 배후가 거명된다 해서 이 사건의 진실이 밝혀지는 것은 아니며, 이 사선이 가시는 역사적 의미를 이해할 수 있는 것은 더더욱 아니다.

같은 나라 안에서 같은 시대에 암살범이 국군에 복귀하여 고급장교가 되는 한편, 암살당한 사람은 독립유공자로 표창되어 민족지도자로 추앙되고 거대한 동상까지 세워지는 이 이율배반을 우리 현대사는 전혀 설명하지 못하고 있다. 뿐만 아니다. 평화통일을 국가정책으로 정한 지 수십 년이 되었으면서, 김구 등이 참가했던 평화통일운동으로서의 1948년 남북협상은 그 역사적 정당성이 거부되어 전혀 가르쳐지지 않고 있다. 그리고 이런 일이 학계나 교육계의 어느 부분에서도 지적조차 되지 않고 있다.

분단체제나 분단국가 권력의 입장을 떠나 우리 현대사에 대한 객관적 이해를 가질 때 비로소 김구 암살사건의 진실을 알 수 있게 되며, 우리 현대사에 대한 이같은 이해가 자리매김하기 위해서는 현대사 연구를 위한 학문의 자유가 철저히 보장되고 제도교육권 안에서도 분단국가주의 차원의 역사교육이 지양되고 민족적 차원의 교육이 이루어져야 함은 더 말할 나위가 없다. 그리고 우리 역사학계의 객관성을 핑계한 현대사 연구기피증도 말끔히 가셔져야 할 것이다.

(2000. 11. 9)

민족분단사를 통해 본 6·25전쟁의 의미

지금까지 민족분단사에서 6·25전쟁의 의미는 대체로 다음과 같은 몇 가지로 요약된 것이 아닌가 한다.

첫째, 이 전쟁을 어느 쪽에서 먼저 일으켰는가를 따져서 일으킨 쪽의 호전성과 그 권력의 부당성 및 비정통성을 강조하는 데 이용되었다.

둘째, 1948년 남북 분단국가의 성립이 아직은 평화통일의 여지를 어느 정도 남겨둔 제1차 분단이었다면 이 전쟁은 그 여지를 철저히 날려버린 제2차 분단이었다고 보았다.

셋째, 이 전쟁으로 분단체제 자체의 정당화·고착화가 정착되어 갔고, 따라서 남북 쌍방에서 조금은 남아 있던 반분단적 제3의 정치세력이 거의 제거되고 남북 집권세력의 독재화가 추진되었다고 보았다.

6·25전쟁은 분단고착적 관점이 아닌 통일지향적 관점에서 새로운 의미가 주어질 수 있다고 생각한다.

넷째, 이 전쟁 전의 민족분단이 정치권력상의 분단에 한정되었던 데 비해 이 전쟁 후에는 남북 쌍방의 독재체제 성립을 통해 남북이 각각 경제·사회·문화 면에서의 분단체제를 확립시켰다고 보았다.

이후의 남북 정권은 겉으로는 통일의 역사적 필연성을 내세우며, 각각 제 정권의 정당성이 한반도 전체에 미치는 것이라 표방하기에 급급했다. 그러나 분단권력의 양립 자체가 남북에서의 권력유지책으로 되고, 분단상황 자체가 하나의 역사적·시대적 체제로 정착되어 갔다. 이런 의미에서 6·25전쟁은 우리 역사에서 분단'체제' 시대의 시발점이라 할 수 있다.

이러한 종래의 의미와 달리, 6·25전쟁은 분단고착적 관점이 아닌 통일지향적 관점에서 새로운 의미가 주어질 수 있다고 생각한다.

지정학적 위치 문제에 초점을 두고 보면, 이 전쟁은 동북아시아 지역에서 캄차카반도나 산둥반도와 달리 역사적으로 독립된 민족국가가 존재한 유일한 반도로서의 한반도가 근대 이후에 일단 분단되었다가, 어느 하나의 세력 및 체제에 의해 일방적으로 또 무력적으로 통일될 수 없었음을 극명하게 증명해 준 전쟁이었다고 할 수 있다.

베트남과 같이 무력통일이 되거나 독일처럼
한쪽의 경제력에 의해 흡수통일되는 것이
불가능하다는 것을 이해한 것 같다. 국가연합 및
남북연합 그리고 연방제 통일안은 이같은 이해의
소산물이라 할 수 있다.

제2차 세계대전 종료 직후의 한반도 주변정세는 대륙 쪽에서는 소련에 뒤이어 중국이 사회주의 혁명에 성공했고, 해양 쪽은 일본과 그 배후세력으로서의 미국에 의해 자본주의 체제가 유지되었다. 한반도의 분단은 대륙세력과 해양세력에 의한 분단이었고, 자본주의 세력과 사회주의 세력에 의한 분단이었다.

전쟁유인설 등이 있기는 하지만, 어떻든 6·25전쟁은 대륙 쪽 사회주의 세력을 배경으로 한 공산주의 김일성정권이 한반도지역 전체를 혁명적으로 통일하기 위해 일으킨 전쟁이었다.

이 전쟁은 한때 통일전쟁으로서 성공할 것 같았다. 그러나 반도로서의 한반도 지역이 사회주의 체제로 통일될 경우, 자본주의 체제 일본의 안전이 무너질 것을 우려한 자본주의 세력 미국이 유엔의 이름을 빌려 침진했다. 이후 남한군내를 포함한 유엔군이 선세를 회복하고 38선 이북으로 진격하여 자본주의 세력에 의한 한반도 통일이 이루어질 것 같았다.

그러나 한반도 지역이 자본주의 세력에 의해 통일되는 것에 위협을 느낀 사회주의 세력 중국과 소련이 이를 저지하지 않을 수 없었고

이 때문에 참전했다. 그 결과 6·25전쟁은 동아시아에서 전쟁 이전의 해양세력과 대륙세력, 자본주의 세력과 사회주의 세력의 판도를 유지하는 선에서 끝날 수밖에 없었다.

6·25전쟁의 국제관계뿐 아니라 민족사적 의미와 교훈도 바로 이 점에 있다고 할 수 있다. 이 전쟁이 휴전된 지 40여 년 만에 한반도 지역의 남북 두 분단정권은 이 지역이 어느 한쪽 체제나 세력에 의한 통일, 예를 들면 베트남과 같이 무력통일이 되거나 독일처럼 한쪽의 경제력에 의해 흡수통일되는 것이 불가능하다는 것을 이해한 것 같다. 국가연합 및 남북연합 그리고 연방제 통일안은 이같은 이해의 소산물이라 할 수 있다.

김정일정권의 공산주의 체제가 유지되고 있기는 하지만, 동유럽권과 소련 체제가 무너지고 중국이 개방체제로 나아감으로써 한반도 지역에서의 사회주의 체제와 자본주의 체제의 대립구도는 무너질 것 같기도 하다. 그러나 한반도 지역이 해양세력이나 대륙세력에 의해 일방적으로 통일되는 경우, 이해관계가 걸려 있는 주변 국제세력들에게 위협요인이 되는 상황은 아직 남아 있는 것 같다.

이데올로기 대립이 있기 이전의 19세기 말 내지 20세기 초에도 한반도 문제를 두고 청일전쟁과 러일전쟁이 일어났다. 이렇게 보면 6·25전쟁이 있고도 한반도가 통일되지 못한 것은, 이 지역이 이데올로기 문제가 아니라도 그 지정학적 위치 문제로 해양세력과 대륙세력의 어느 한쪽 권내에 일방적으로 들어가는 통일이 어렵다는 사실을 가르쳐주는 것이기도 하다.

그렇다고 해서 한반도 지역이 동북아시아의 국제관계 속에서 근대사회 이후 경험한 것처럼 식민지가 되거나 분단이 될 수밖에 없으며, 6·25전쟁이 있고도 통일되지 못한 사실이 바로 그것을 증명해준다는 식의 논리는 결코 아니다.

첨예한 국제관계 속에서 한반도 지역이 완충지대 역할을 다함으로써 오히려 동북아시아의 평화를 유지하는 시렛내가 될 수 있으며, 그것은 통일문제와 관련하여 한반도 지역 자체의 활로를 여는 길일 수도 있다는 말이다.

넓은 안목에서 보면 6·25전쟁은 한반도 지역이 정치·군사·외교 및 경제 관계에서 해양세력과 대륙세력의 어느 한쪽에도 치우치지 않아야 한다는 점, 소극적으로는 두 세력 사이에서 그 지정학적 위치를 유리하게 살려 반도 자체의 독립성을 유지하고 국제관계에서의 실리를 취할 수 있다는 점, 적극적으로는 대륙세력과 해양세력의 두 고삐를 쥐고 동북아시아 평화를 위한 조종자 내지 담지자가 될 수도 있다는 점 등을 가르쳐준 전쟁이었다고 볼 수 있다. 또 그것은 한반도 지역의 평화적 · 주체적 통일이 이루어진 후에야 가능한 일임을 가르쳐주기도 한다.

4·19를 어떻게 볼 것인가

1960년에 일어난 4·19는 그동안 '의거' '혁명' '미완의 혁명' 등으로 불리다가 지금은 '혁명'으로 많이 불리고 있다. 그러나 아직 역사학계가 그 명칭을 정착시키기 위한 목적성 있는 학술회의 같은 것을 가진 적은 없는 게 아닌가 한다.

역사적으로 보면 혁명이란 기존 정권이 바뀌는 정치혁명이 있어야 함은 물론 지배계급까지 바뀌는 사회혁명을 수반해야 한다고 할 수 있다. 혁명 후 그 주체세력이 정권을 쥐고 혁명과업을 수행했을 때 옳은 의미의 혁명이 완성되는 것이다. 그러나 4·19는 정권은 바꾸었지만 그 주체세력이 식섭 정권을 쥐고 혁명과업을 수행하지는 못했다.

4·19의 주체세력은 대학생을 중심으로 하는 지식인들과 이에 호응한 일반 시민들이라고 할 수

이승만 독재정권을 무너뜨린
4·19 주체세력이 정권을 쥐고 혁명과업을
추진해 갔다면 무엇을 했을까.

있는데, 이들은 이승만 독재정권을 무너뜨리는 데는 성공했으나 그 후 정권을 쥐지는 못했다. 정권은 이승만정권에 의해 임명된 허정 과도정부로 넘어갔다가, 야당이었을 뿐 4·19 주체세력이 아니었던 민주당에게 선거를 통해서 넘어갔다. 그랬다가 그 정권은 곧 5·16군사쿠데타로 무너지고 말았다.

이승만 독재정권을 무너뜨린 4·19 주체세력이 정권을 쥐고 혁명과업을 추진해 갔다면 무엇을 했을까 생각해 보면, 크게 말해서 두 가지를 지적할 수 있지 않을까 한다. 그 하나는 이승만 독재정권에 의해 저해된 민주주의, 구체적으로 말해서 정치적·경제적·사회적·문화적 민주주의 정책을 크게 확장시켰을 것이다. 그리고 또 하나는 역시 이승만정권의 북진통일정책에 의해 이적론(利敵論)으로까지 취급된 평화통일정책을 적극적으로 펴나가는 일이었을 것이다.

4·19 결과 정권을 쥔 민주당의 장면정권도 의회 기능을 강화함으로써 정치적 민주주의를 어느 정도 확대시켜 갔고, 경제적 민주주의 면에서도 이승만정권 시기의 재벌 중심 경제체제를 약화시키고 중소기업 중심 경제체제를 수립해 가려는 쪽으로 정책을 펴기 시작했

다. 그리고 사회적·문화적 민주주의도 혼란이라는 말을 들을 만큼 크게 진전되었다. 1년도 못 가서 5·16군사쿠데타가 일어남으로써 모든 부문에서 민주주의가 크게 후퇴하게 되지만.

4·19 주체세력의 정권장악을 가정했을 때보다야 물론 못하겠지만, 장면정권도 민주주의 발전 면에서는 어느 정도 긍정적인 역할을 했다고 할 수 있으나, 또 하나의 '혁명'과업 즉 무력통일론을 분쇄하고 평화통일정책을 펴나가는 일에서는 보수세력 장면정권은 의식면에서나 정책시행 면에서 4·19 주체세력보다 크게 뒤져 있었다.

이승만정권은 6·25전쟁을 전후한 때는 북진통일론이었다가 전쟁 후의 제네바회담에서는 참전국들이 권유한 유엔 감시하 남북한 총선거안을 거부하고, 북한지역은 유엔 감시 아래 선거하고 남한은 남한 헌법질차에 따라 선거하자는 안을 주장했다가 회담이 결렬된 후에는 다시 유엔 감시하의 북한만의 총선거안을 주장하였다.

4·19 결과 성립된 장면정권은 어떤 통일안을 제시할까 고심하다가, 결국 '유엔 감시하 남북 총선거를 통한 평화적 자유민주통일안'을 내어놓았다. 유엔 감시 아래 남북 총선거를 실시하되, 남한체제를 전

체 국토에 확장시키는 통일이 되어야 한다는 것이었다. 이 안은
4·19 주역들의 통일안과는 차이가 큰 것이었다.

4·19 후 정치활동이 가능하게 된 혁신정치세력은 즉각적 남북협
상, 민족통일건국최고위원회 구성, 통일협의를 위한 남북대표자회담
개최 등을 주장했고, 4·19의 주역 대학생들도 남북 서신왕래·인사
교류, 남북간 학술토론대회 개최, 남북 기자교류, 판문점에서의 남북
학생회담 개최 등을 제안했다. 통일문제에서 유엔의 역할을 배제하
고 남북 당국과 민간이 직접 교섭하고 회담할 것을 주장하고 나선 것
이다. 이보다 10년 뒤 7·4공동성명에서 나올 주체적·평화적 통일
방안이 이때 이미 4·19 주역들에 의해 주장된 것이라 하겠다.

이같은 4·19 주역들의 평화통일안은 남한의 보수세력과 불과 7
년 전까지 북쪽과 전쟁을 했던 남한 군부 및 미국에게는 크게 위협이
되었다. 그것이 곧 박정희 중심 군부세력의 쿠데타를 '성공'하게 했고,
쿠데타세력은 집권하자마자 '4·19 공간'에서 활성화되었던 평화통일
운동을 '간접침략'으로 규정하고 엄청난 숙청의 철퇴를 가했다.

이후 군부정권 30년간 정치·경제·사회·문화 면의 민주주의는

크게 후퇴하여 위축되고 평화통일운동도 계속 탄압되었다. 90년대 들어와서야 모든 부문에서의 민주주의가 전진하고 전쟁통일은 물론 흡수통일이 아닌 옳은 의미의 평화통일정책이 포용정책이라는 이름으로 정착되어 가고 있다.

60년대 초에 4·19 주체세력들이 주장한 정치·경제·사회·문화적 민주주의의 급진적 확장과 평화통일정책의 실시는 혁명정권에 의해서만 실시될 수 있는 가히 혁명적인 것이었다. 그러나 4·19 주체세력들이 정권을 쥐지 못함으로써 그 혁명정책은 실시될 수 없었고, 비혁명적 민주당 장면정권에 의해 '혼란'으로 비쳐지게 되었다. 그리고 그 '혼란'은 군사쿠데타의 구실이 되었다.

90년대 들어와서야 민주주의 발전과 평화통일정책이 선거에 의해 정권을 쥔 민주세력에 의해 혁명적이 아닌 방법으로 시시히나마 실시되었다.

4·19가 혁명이었고 우리 민족의 역사적 조건이 그 혁명을 그대로 정착시킬 수 있었다면, 일제 강점시대를 통해 침체된 우리 역사가 30년은 앞당겨질 수 있었을 것이다. 그러나 '4·19 공간적 상황'이 그대

로 정착될 수 없었으며, 그 때문에 4·19는 혁명이 못 되었다. 민주주의를 확대하고 평화통일을 앞당기려는 4·19'운동'이었다고 할 수 있을 것이다. (1999. 6. 18)

조봉암의 재평가를 위하여

죽산 조봉암이 처형당한 지 꼭 40년 만에 그를 재평가하려는 노력들이 나타나고 있다. 냉전체제나 분단체제에 의해 희생된 활동가 혹은 사상가의 대부분이 그러하지만, 그들에 대한 재평가는 그 억울한 희생에 대한 신원 차원이 아니다. 그에 앞서 그들의 활동이나 사상에 대한 객관적이고도 철저한 재구성이 있고, 그것이 오늘날 가지는 의미를 추구해 내는 순서로 되어야 할 것임은 더 말할 나위가 없다.

조봉암은 3·1운동 참가를 계기로 민족해방운동전선에 서게 된다. 곧 그는 사회주의 노선에 서게 되었고, 해외에서 활동할 때는 사회주의 국제당 코민테른과 비교적 관계가 깊었다. 국제당 노선이 민족부르주아지와의 통일전선을 지향했기 때문이다. 그는 또 1920년대 후반기의 민족

유일당 운동에도 적극적으로 참가하는데, 이 운동에의 적극적 참가와 해방 후 그의 활동이 어떤 연관성이 있는가 하는 문제가 구명될 만하다.

일제 강점시대의 민족해방운동 전선에서는 우익 전선에서조차 민족해방은 곧 혁명이었으므로 좌익 전선에 비혁명노선으로서의 사회민주주의 노선이 성립되기는 어려웠다. 이후 해방이 되면서 좌익 전선에도 혁명노선과 함께 비혁명적 노선이 성립된다고 할 수 있는데, 조봉암은 박헌영 중심의 세력과 결별함으로써 비혁명적 노선, 즉 사회민주주의 노선으로 옮겨간 것이 아닌가 한다.

「친애하는 박헌영 동무에게」에서 그는 민주주의민족전선이 공산당원 중심으로 나아가서는 안 되고, 명실공히 통일전선체가 되어야 한다고 주장한다.

앞으로 더 연구되어야겠지만, 조선공산당 중앙은 통일전선체를 공산당이 장악하고 급진적 · 혁명적 방법에 의해 통일민족국가 건설을 이루려는 방향으로 나아간 데 반해, 조봉암 등 일부 사회주의 세력은 비공산당원의 역할을 인정하는 명실공히 통일전선 노선을 지키는 처지에서 통일민족국가를 건설하려 한 것이 아닌가 싶다. 그리고 이 차이가 곧 두 노선을 갈라놓은 것이 아닌가 한다.

38도선이 획정되어 남북을 미·소 양군이 분할 점령하고 있는데다, 민족해방운동 세력에 우익도 있고 좌익도 있는 '해방공간'의 상황에서 공산당이 주도하는 통일전선 노선으로 통일민족국가를 건설하기란 현실적으로 어려운 실정이었다. 통일민족국가 수립은 혁명적인 방법에 의해서만 이루어질 수 있는데, 조선공산당과 그것이 확대 개편된 남조선노동당은 그 방법을 지향했다고 할 수 있다. 그러나 미군이 38도선 이남을 점령하고 군정을 펴고 있는 한, 공산당이나 노동당의 혁명적 방법에 의한 남북 통일국가 수립은 현실적으로 무망했다.

소봉암이 온건좌익 노선 혹은 좌우합작 노선을 지향한 것은 해방 후의 그가 이미 사회민주주의 노선을 택하고 있었던 결과인지도 모른다. 그러나 설령 그렇지 않다 해도 38도선을 경계로 미·소 양군이 분할 점령하고 있는 현실적 조건 아래서 조선공산당 주도의 통일국가도, 한국민주당 등 우익세력 주도의 통일국가도 모두 건설되기 어

조봉암의 진보당 창당은 남한에서 6·25전쟁 후
뿌리뽑히다시피 한 사회민주주의 세력을
재결집하는 계기가 되었고, 역시 6·25전쟁으로
사실상 이적론으로 취급된 평화통일론을 다시
공론화하는 계기가 되었다.

려운 것이 사실이었다.

남북 통일국가 건설을 지향하는 한, 극좌와 극우 노선을 모두 배제한 온건좌익 노선 및 온건좌익과 온건우익 중심의 좌우합작 노선을 택할 수밖에 없었다. 그렇지만 온건좌익 노선 및 좌우합작 노선의 어느 경우도 현실화되지 못하고 결국 남북 분단국가가 성립되었다.

남북 분단국가 성립이 불가피해졌을 때, 남북 통일국가 건설을 지향하던 정치세력이 취할 수 있는 길은 두 가지였다. 김구·김규식 등과 같이 남북 어느 분단국가에도 참가하지 않는 길과 남북 중 어느 한쪽에 참가하는 길이었다. 조선공산당 중앙의 박헌영은 북쪽 정부 참가를 택했고, 조봉암은 남쪽 정부 참가를 택했다. 분단정권에 참가하는 과정에 대해서는 조봉암이 공산당 중앙과 결별하는 과정에 대한 진실이 더 밝혀져야 진실을 알 수 있을 것이다.

'해방공간'에서 온건좌익·사회민주주의 노선을 택하면서 남북 통일국가 건설을 지향한 조봉암이 어떤 생각과 계획을 가지고 극우 노선 이승만정권에 참가하게 되었는가 하는 점에 대해서는 연구가 더 진행되어야 하는 것이다. 그가 언제부터 온건좌익, 즉 사회민주주의 사상으로 전환하게 되었는가, 평화통일론자였던 그가 북진통일을 지향하는 이승만정권에 참가하게 된 것은 일종의 전술적 차원의 처신이었는가, 이승만정권에 참가하고부터 50년대 후반기에 진보당을 창당하기까지 그 사상적 기반에 변화나 기복이 있었는가 하는 문제들이 정밀하게 추구될 필요가 있는 것이다.

6·25전쟁을 겪고 난 후 조봉암의 평화통일론은 되살아나거나 더 강화된다고 볼 수 있다. 비록 '전향'은 했다 해도, 사회주의 운동권 출신으로서 제2대 대통령선거에 출마하여 '의외'의 지지를 받아 남한 안에 아직도 상당한 진보세력 및 평화통일론 세력이 실존함을 확인한 그는 진보정치세력의 규합에 의한 평화통일 가능성을 생각하게 되었다. 그리고 이에 힘입어 진보당 창당을 계획했고 또 제3대 대통령선거에 출마하게 되었다고 하겠다.

아직도 반공주의가 극성을 부리던 남한에서 사회주의 운동권 출신으로서 평화통일을 주장하면서 대통령선거에 출마하여 2위로 낙선했다는 사실은 이승만의 노쇠와 함께 분단고수 보수세력들의 위기의식을 조장하였고, 이것이 그가 목숨을 잃게 되는 중요한 원인이었다고 할 수 있다.

그러나 조봉암의 진보당 창당은 남한에서 6·25전쟁 후 뿌리뽑히다시피 한 사회민주주의 세력을 재결집하는 계기가 되었고, 역시 6·25전쟁으로 사실상 이적론으로 취급된 평화통일론을 다시 공론화하는 계기가 되었으며, 그것이 4·19 후 평화통일운동을 폭발하게 했고 또 70~80년대의 평화통일운동으로 연결되었다. 그리하여 90년대 이후 평화통일론이 정착하는 원천이 되었다고 할 수 있다.

결론적으로 말해서, '해방공간'에서 조봉암이 박헌영 중심의 조선공산당과 결별하고 이승만정권에 참가하게 되는 정치적·사상적 배경이 더 천착되어야 하며, 이승만정권 아래서 진보정당을 창당하고 평화통일론을 펴게 되는 정치적·사상적 기반이 더 구명되어야 할 것이다. 그리고 그가 50년대 후반기에 제시한 평화통일론이 자본주의 체제와 사회주의 체제를 넘어선 새로운 체제의 창출과 평화통일을 지향하고 있는 지금의 우리 민족사회에 어떤 의미로 자리하는가 하는 문제도 논의되어야 할 것이다.

6·10민주화운동을 되새긴다

오늘은 전두환정권의 이른바 '4·13호헌조치'를
분쇄하고 '6·29선언'을 받아내는 계기를 만든
1987년 '6·10국민대회' 6주년이 되는 날이다.
아직 그 역사적 명칭이 정해지지 않아서 '6·10
민주화운동'으로 가칭할까 한다.
불과 6년 전의 일이지만 이 운동이 어떻게 일어
났으며, 어떤 의미를 가지는가를 새삼스럽게 되
새겨 우리의 감회가 여느 때와 다름을 확인하고
자 한다.
전두환정권의 '광주민중항쟁'에 대한 폭압적·탄
압으로 민주화운동은 한때 압살되는 것 같았다.
그러나 탄압이 강할수록 되살아나는 것이 우리
민족·민주운동이다. 혹심한 탄압 아래에서도
1984년에 민족·민주운동의 연대조직으로서의
민주운동협의회와 민주통일국민회의가 조직되

었고, 이듬해에는 그 통합체로서의 '민통련'이 성립되어 민족·민주 운동이 다시 활성화되었다.

1987년 들어서면서 서울대생 박종철 고문치사 사건이 터져 반독재 민주화운동에 큰불이 지펴졌고, 초조해진 전두환정권이 독재체제 유지를 위한 '4·13호헌조치'를 발표하여 오히려 기름을 끼얹었다. 이에 대항하여 야당인 통일민주당과 민통련이 '민주헌법쟁취국민운동본부'를 구성하여 민주헌법 쟁취를 선언했다. 여기에 연세대생 이한열의 최루탄치사 사건이 터져 독재정권을 궁지로 몰아넣었다.

여당인 민정당이 노태우를 간선제 대통령후보로 지명한 6월 10일 서울·광주·부산·대전·인천 등 전국 18개 도시에서 4·13호헌조치 철폐, 군사독재 타도, 민주헌법 쟁취, 미국의 내정간섭 반대를 주장하는 국민대회가 열렸다. 차량은 경적으로 격려하고 시민들이 박수로 호응하는 속에서 평화적으로 시작된 시위가 경찰의 강압으로 격렬해졌다. 그 결과 시청 1개소, 파출소 15개소, 민정당 지구당사 2개소가 파손되었고 시위현장에서 3800여 명이 연행되었다.

시위는 명동성당 농성투쟁으로 이어졌다가 다시 전국 10개 도시로 확산되었고, 국민운동본부가 주최한 '6·18최루탄추방대회'에는 전국 14개 도시 247개소에서 경찰집계만으로도 20만 명이 참가했다. 6월 26일에 계속된 시위에는 다시 전국 33개 도시 370여 개소에서 100여만 명이 참가하여 파출소 29개소가 파괴 또는 방화되고 3400여 명이 연행되면서도 기어이 '6·29선언'을 받아내었다.

6·10민주화운동은 반군사독재 운동으로서의 부마항쟁과 광주민중항쟁의 연장선상에 있었다. 그러나 앞선 '항쟁'들이 일부 지역에 한정된 단기적인 것이었다면, 이 '운동'은 전국에서 연인원 400만~500만 명이 참가하여 3주일간이나 가두집회·시위투쟁·농성투쟁이 계속되었다. 이 운동은 4·19운동과 같이 몇 개 주요 도시에 집중된 것이 아니라, 전국의 20~30개 도시에서 동시다발적으로 전개되어 주변 농촌지역으로 확산될 조심을 보임으로써 결국 내통령직신제를 쟁취했다.

이 운동은 광주민중항쟁과 같은 무장항쟁으로 발전하지는 않았다. 그러나 운동을 주도한 국민운동본부가 비폭력투쟁을 행동강령으로 발표했음에도 불구하고, 전투경찰을 집단적으로 무장해제하고

경찰관서와 민정당 지구당사를 불태우는 등 전국적으로 전개된 대
중운동치고는 격렬하고 공격적인 운동으로 발전하여 3·1운동 때를
방불케 했다.

 6·10민주화운동은 청년학생층과 사무전문직·생산직 노동자, 도
시소상인, 도시자영업자, 일부 농민 등 광범위한 사회계층으로 이루
어진 '민중'이 주도한 운동이었다. 그것은 근대 이후 우리 민족사의
중요한 고비마다 폭발하여 역사적 역할을 다한 민중운동의 하나였
다. 특히 이 운동은 같은 해 7~9월에 전개된 전국적 노동운동으로
연결되었다. (1993. 6. 10)

21세기와 시민운동

인류의 역사를 뒤돌아보면 18세기부터 20세기까지는 어떤 면에서는 혁명을 통해서 역사변혁을 이루려 했던 시대라 할 수 있다. 18세기 후반 부르주아 혁명이 성공한 이후 19세기와 20세기는 프롤레타리아 혁명이 기도되었고, 일부 성공하기도 했다. 그러나 20세기 말로 오면서 국가사회주의 체제가 무너지기 시작하는 한편, '시민계급'이 아닌 '시민'에 의한 '혁명'이 아닌 '운동'이 활발해지는 또 하나의 현상이 일어나고 있다.

우리 사회의 경우로 좁혀서 보면, 1960년대부터 80년대까지의 군사독재 시대에는 노동자·농민과 시민이 함께 벌인 반독재운동이 민중운동으로 불리더니, 90년대 와서 민간정권이 들어선 후에는 노동자·농민의 운동과 시민의 운동이 분리되기 시작했다. 그리고 1차산업 종사자와 2차산업 종사자가 급격히 줄어들고 대신 3차산업 종사자가 급증하는 상황에서, 대체로 3차산업 종사자를 중심으로 한다고 볼 수 있는 시민운동이 크게 발전하였다.

지난 20세기까지 1·2차산업 종사자 중심의 노동자·농민 운동이 대체로 말해서 혁명성을 가지기 쉬웠던 데 비해, 3차산업 종사자 중심이라 할 시민운동은 개량주의 운동의 성격이 짙다고 할 수 있다. 약 10년 전 시민운동을 시작하려는 사람들로부터 "우리 사회에서도 개량주의 운동이 가능한가"라는 주제의 강연요청을 받고, 우리처럼 식민지시대를 겪은 민족사회에서는 타협주의로 가기 쉬운 개량주의 운동이 성공하기 어렵다고 했다.

그러나 일제 강점시대가 지난 지 반세기가 된 시점, 즉 90년대부터는 민족사적·세계사적 조건이 개량주의 운동으로서의 시민운동이 발전할 수 있을 만해졌고, 우리가 알다시피 90년대부터의 민간정부 아래서는 민중운동이 아닌 시민운동이 활발하게 일어났다. 역사학 전공자가 그 정도도 내다보지 못했으니 부끄러운 일이다.

지금의 시민운동을 주도하고 있는 시민은 부르주아 혁명을 성공

문제는 앞으로 개량주의 시민운동 방법으로도
21세기의 인간들이 요구하는 만큼 빨리 사회를
개혁하고 역사를 변혁시킬 수 있을 것인가
하는 점이다.

시킨 근대 초기의 시민계급과는 물론 다르다. 계층적 구성요인에도 차이가 있지만 특히 지금의 시민운동이 혁명주의적이지 않고 어디까지나 개량주의적이라는 점에 근본적 차이가 있다. 더욱이 지금은 시대적으로도 봉건체제의 반역사성이 절정에 다다랐던 중세 말기가 아니고, 노동자·농민 계급 중심의 혁명을 지향하던 국가사회주의 체제가 무너진 후의 시점이다.

인류의 역사는 현대사회로 올수록 정치·경제·사회·문화 면의 민주주의 발전에 대한 요구가 급격히 높아져 왔다. 문제는 앞으로 개량주의 시민운동 방법으로도 21세기의 인간들이 요구하는 만큼 빨리 사회를 개혁하고 역사를 변혁시킬 수 있을 것인가 하는 점이다. 국가사회주의가 무너지고 자본주의가 급속히 신자유주의로 가면서 시장원리를 내세우며 안하무인으로 방사해져 가는데, 시민운동과 같은 개량주의 방법으로 역사를 얼마만큼 바른 방향으로 변혁시켜 갈 수 있을 것인가 하는 문제가 있다.

개량주의 방법의 시민운동이 21세기의 인류사회를 효과적으로 변혁시킬 수 없고, 따라서 정치·경제·사회·문화적 민주주의 발달이

지지부진해지면, 세계사는 또다시 혁명주의 시대로 전환할 것이다. 20세기의 세기말적 현상 중 특기할 일은 지난 2세기 이상 세계사를 지배했던 혁명주의가 후퇴하고 대신 약간의 강도가 있는 개량주의 시민운동이 일어나게 되었다는 사실이다. 운동의 일선에 선 사람들이 제 운동의 이같은 시대적·역사적 위상과 성격을 정확하게 파악할 수 있어야만, 시민운동이 타협주의로 가지 않고 개혁성을 가질 수 있게 될 것이다. (2001. 5. 25)

16대 대통령선거와 젊은 세대의 역할

해방 후 한국에서 성립된 정권들을 역사적으로 평가하는 경우 그 기준은 크게 두 가지로 압축될 수 있다. 하나는 그 정권이 정치·경제·사회·문화적 민주주의를 얼마나 전진시켰는가 하는 점이며, 또 하나는 자주적 평화통일을 어느 정도 진전시켰는가 하는 점이다. 그렇게 보면 이번 16대 대선후보들에 대한 유권자의 선택기준도 바로 이 두 가지 점에 있다고 하겠다.

지난 1960~80년대의 군사독재 시기에는 정부 정책이 철저히 반민주적이고 반평화·반통일적이었기 때문에 대학생을 중심으로 하는 젊은 사람들이 매일같이 최루탄을 마시고 싸워서 기어이 민주주의를 쟁취해 냈다. 90년대와 2000년대는 민간정부가 들어서서 민주주의와 평화통일을 나름대로 추진해 갔기 때문에 젊은 사람들이

거리로 나설 필요가 거의 없었던 반면, 정치적 관심도가 떨어진 것이 사실이다.

그러나 16대 대선을 맞은 지금의 시점은 사정이 다르다. 이번 대선을 역사적 관점에서 보면, 군사독재정권 주도자나 그 추종자가 더 많이 포함되어 있는 정치세력과 그것에 저항해서 민주주의와 자주적 평화통일 노선을 쟁취한 사람들이 더 많이 포함된 정치세력의 대결임을 쉽게 이해할 수 있다.

16대 대선이 70년대나 80년대 같은 민주세력과 반민주세력의 첨예한 대결은 아니라 해도, 더 민주적인 세력과 덜 민주적인 세력의 대결임은 분명하다. 이 점이 제대로 파악될 때, 16대 대선의 역사적 의의는 옳게 세워질 수 있다.

또 16대 대선을 민족사적 관점에서 보면, 평화주의 지향 시대인 21세기의 시대정신에 맞게 분단민족의 한쪽을 동족으로 인식하고 화해·협력하여 자주적 평화통일을 적극적으로 이루어가려는 정치세력과, 민족의 한쪽을 아직도 대결과 대립의 대상으로 보고 설령 화해나 협력을 말한다 해도 외세의존을 견지하면서 상호주의 같은 것을 엄격히 요구하는 정치세력의 대결이라 할 수 있다. 역시 이 점을 제대로 파악할 때, 16대 대선을 민족사를 전진시키는 방향에서 치를 수 있다.

지금 우리 사회는 급격히 노령화하고 있다. 노령화 사회는 자칫 정치 · 경제 · 사회 · 문화적으로 정체될 가능성이 높다. 뿐만 아니다. 대개의 경우 모든 기득권을 가진 기성세대가 젊은 세대의 역사관 · 세계관 · 민족관이 제 것과 같기를 요구하고, 그렇게 되면 그 민족사는 제자리걸음하게 마련이다. 이런 문제를 타개하고 역사를 전진시키려면 젊은 세대의 역사의식이 제대로 살아 있어야 하며, 정치적 관심 및 참여가 높아야 한다.

21세기에 들어서서 최초로 맞는 대선의 결과가 세계사적으로 동서 냉전시대였고 민족사적으로 분단고착 시대였던 20세기적 역사인식에 한정된 정치세력의 집권으로 귀결된다면, 민족사는 정체하고 만다. 그것을 막기 위한 최선의 길은 21세기 민족사의 주인인 젊은 세대의 적극적 선거참여다. 2000년대 젊은 세대가 1970~80년대 젊은 세대의 역사적 승리를 계승하는 길도 바로 여기에 있다. (2002. 12. 10)

새 대통령께 바란다

국정의 최고지도자인 대통령은 역사 앞에 발가벗꼬 나서서 무한책임을 져야 하는 괴로운 사람이게 마련이다. 이같이 어려운 자리를 제대로 유지하면서 주어진 임무를 다하기 위해서는 여러 가지 남다른 능력이 요구되겠지만, 그중에서도 가장 중요한 요건은 미래지향적인 투철한 역사의식의 소유자여야 한다는 점일 것이다.

30년간의 군사정권 시대와 10년간의 민간정부 시대를 겪고 새로 성립되는 이번 정권은 우리 현대사에서 또 하나의 중요한 위치를 가진다. 앞선 두 번의 민간정권이 군사정권이 끼친 각 부문의 독소를 제거하는 데 급급했다면, 이번에 성립되는 정권은 앞선 두 민간정권의 과도기적 성격을 극복하고 우리 현대사의 올바른 노정을 정착시켜 가야 할 처지에 있다고 할 수 있기 때문이다.

이번에 성립되는 새 정권은 우선 지난날의 군사정권은 말할 것 없고, 두 번의 민간정권보다도 국민 개개인의 정치적 자유를 확대시키는 정책을 적극 펴나가야 한다. 군사독재정권 시기를 통해 크게 억압되었던 정치적 자유는 김영삼정권의 군부전횡 종식, 김대중정권의 인권위원회 및 여성부 신설, 부분적이긴 하지만 민주화운동·통일운동의 역사성 확립 등을 통해서 상당히 회복되었다고 할 수 있다. 그럼에도 개인소득 1만 달러대에 맞게 정치적 자유가 확대되어야 할 부분은 아직도 많다.

지금의 시점에서 정치적 민주주의를 확대시키는 요체의 하나는 지방분권화 정책을 강화하는 일이다. 우리 정도의 문화수준을 가진 민족사회치고 정치·경제·문화 등 모든 부문이 이렇게 중앙 중심적인 나라는 드물다. 전체 인구의 절반이 수도권에 사는데, 그 수도권을 벗어나면 문화가 없다고 할 정도다. 권력이 분산되어야 경제력이 분산되고, 그래야 인구가 분산된다. 과감한 지방분권화 정책이야말로 새 정권이 추진해야 할 요긴하고도 시급한 과제 중의 하나다.

다음으로 경제적 민주주의를 확대시키는 길은 박정희 군사독재정권 이후 일관된 성장경제정책이 가져온 빈부격차의 심화를 줄여가는 일이 우선되어야 한다. 또 IMF체제에서 벗어나는 길을 이른바 신자유주의적 방법에서만 구한 결과, 약간의 재계개편은 있었다 해도 재벌규제는 거의 유명무실해진 상황이다. 경쟁력 높은 대기업은 있어도 대주주 중심 재벌경영은 과감히 청산되는 그런 경제체제를 수립해 가는 일이 새 정권 경제정책의 큰 방향이 되어야 한다.

지난 20세기가 제국주의 전쟁과 냉전체제의 대립을 중심으로 하는 정치주의 시대였다면, 제국주의가 청산되고 냉전체제가 와해된 21세기는 평화주의와 문화주의 세기가 되리라 전망되고 있다. 자본주의 시대를 통해서 지역문화·민족문화의 특징이 점점 소멸되고 모든 민족문화가 일부 자본주의 선진국 문화로 획일화되어 가는 잘못된 세계화가 강행되고 있다. 이러한 때 세계문화의 다양한 발전에 이바지하는 길은 각 민족사회가 제 문화의 특성을 철저히 유지하면서 갈고 다듬어가는 일이다. 그리고 우리와 같은 분단민족의 경우 시시각각 이질화되어 가는 남북 문화의 동질성을 회복하는 일이 요긴하다. 이제 우리 사회도 정치적 책략에 능한 대통령보다 문화적 소양이 높은 대통령을 요구하는 때가 되었다.

분단시대 반세기를 통해서 우리 사회는 민족의 다른 한쪽을 적으로, 타도대상으로만 인식해 왔다. 그러나 냉전시대를 넘기고 새 세기에 들어선 지금의 우리 사회는 민족의 다른 한쪽을 계속 타도대상 내지 대결대상으로 봐야 할 것인지, 아니면 화해·협력과 공존의 대상으로 봐야 할 것인지를 민족구성원 개개인이 스스로 결정해야 하는 시기가 되었다고 할 수 있다. 정치지도자의 생각과 역할이 특히 중요한 시점에 이른 것이다. 이런 때의 정치지도자는 역사의식 및 시대의식이 투철해야 하며, 따라서 보수적이 아니고 미래지향적이어야 한다.

평화통일 기운이 일어나고 있는 시대의 최고 정치지도자에게는 민족문제·통일문제 해결을 위한 정략적 차원을 넘어선 철학이 요구된다. 지금이 민족문제·통일문제를 어떻게 풀어가야 하는 시대인지, 우리 민족의 통일문제는 지금 어디까지 왔는지, 앞으로 어떻게 가야 하는지를 정확하게 이해하고 선도할 수 있는 정치지도자가 절실히 요구되는 시점이다.

지금은 통일의 시대라기보다 그에 앞선 평화정착의 시기다. 철도

를 연결하고 관광길을 열고 공단을 건설하는 것은 체제가 다른 두 개
의 분단국가를 하나로 통일하는 과정이라기보다 그 앞단계로서의
평화정착 과정이다. 이 땅에서 전쟁위험을 완전히 없애기 위해 휴전
협정을 평화협정으로 바꾸고, 상호신뢰를 바탕으로 군사력 감축까지
를 해낼 수 있는 의지와 능력을 갖춘 정치지도자가 요구되는 시점이다.

우리 민족사회는 남북을 막론하고 베트남과 같은 전쟁통일도 독
일과 같은 흡수통일도 모두 부인하고 있다. 전쟁통일도 흡수통일도
아닌 우리식 통일이 어떤 것이어야 하는가를 알아내고, 그 방법론을
수립해 갈 만한 이론과 능력을 가진 정치지도자가 요구된다. 민족사
의 큰 전환점에 선 지금은 정략가 대통령이 아닌 진정한 의미의 정치
가 대통령, 사상가 대통령이 절실히 요구된다 하겠다.

20세기 고난의 민족사를 청산하고 21세기 희망의 역사를 열어가
는 출발점에서 당선된 새 대통령이 민족문제·통일문제를 슬기롭게
풀어가고 문화수준에 비해 많이 뒤처진 각 부문의 민주주의를 획기
적으로 발전시켜 민족사 위에 뚜렷한 흔적을 남기는 대통령이 되기
를 기대해 마지않는다. (2002. 12. 18)

촛불행진, 반미인가 탈미인가

이승만정권으로 시작된 대한민국은 당시 유엔을 좌지우지하던 미국의 의지와 주선에 의해 성립 되었다고 할 수 있다. 그 때문에, 나의 기억이 확실하다면 4·19 때까지도 데모군중이 서대문에 있던 이기붕의 집을 부수었을 때 성조기가 나오자 그 흥분 속에서도 신주 모시듯 고이 모셨다는 신문기사가 있었다.

박정희 '유신'정권 때 공안당국에 잡혀간 어느 역사학자에게 검사가 당신의 이데올로기가 무어냐고 물어서 민족주의라고 했더니, 그 공안검사 말하기를 민족주의는 반미주의요 반미주의는 용공주의라고 했다는 어처구니없는 말을 들은 기억도 아직 생생하다.

그런 대한민국에 감히 반미운동이 일어나기 시작한 것은 1980년 광주민중항쟁부터라고 할 수 있다. 전두환 군사독재정권의 성립을 저지하려는 시민항쟁을 계엄군이 무참하게 탄압한 사실이, 미국문화원에 불을 지르는 반미운동을 유발한 것이다.

40년대 말에 미국의 절대 권위와 뒷바라지로 성립된 대한민국에서 1980년에 감히 반미운동이 일어나게 되었으니, 누가 무어라 해도 역사는 역시 변하게 마련임을 실감하게 된다.

2002년의 대한민국에서 두 여중생이 미군 장갑차에 치여 죽었는데도 그 운전병들은 한국 법정이 아닌 미군 법정에서 무죄로 되어 고스란히 귀국하는 일이 벌어졌다.

그 결과 서울을 비롯한 전국 주요 도시는 물론, 해외의 한민족사회에서까지 이루 셀 수 없는 엄청난 수의 사람들이 눈비를 맞으면서 추운 밤에도 거리에 나와 촛불시위하는 일이 벌어졌다. 깨끗하게 차려입은 평범한 젊은 아버지가 어린 자식을 무동 태우고 그 작은 손에 촛불을 들려 행진하는 모습은 눈물겹기까지 했다.

이같은 일을 두고 국내외의 언론들은 한결같이 반미시위라 했고, 미국 언론과 국내의 이른바 보수언론들은 이 반미시위를 크게 우려

하게 되었으며, 전에 없던 반미시위를 우려한 국내의 일각에서는 친미시위까지 벌이게 되었다.

그러나 돌멩이 하나 던지지 않고 무동을 태운 어린이의 작은 손에 촛불 들려 걷는 일을 미국문화원에 불지른 것과 같은 반미행위로 봐야 할지는 의문이다. 잘 생각해 보면 촛불행진은 반미시위라기보다 지난 반세기 동안의 어쩔 수 없었던 미국의존에서 벗어나려는 한국인들의 탈미의식의 표현이라 하는 것이 옳지 않을까 한다. 촛불시위는 곧 민족적 자존심의 발로인 것이다.

대한민국이 미국의 절대적 뒷바라지로 세워졌다는 점, 6·25전쟁 초기에 멸망할 뻔했다가 미군 중심 유엔군의 참전으로 소생되었다는 점, 그 전쟁이 끝나고 반세기가 된 지금에도 미군이 주둔하고 있는 점, 한국군의 작전권이 아직도 주한미군에게 주어져 있는 점 등으로 보아 대한민국은 분명 미국의존 국가였다고 할 수밖에 없다. 미국에 가보지 않은 사람이 대통령에 당선된 것이 특이한 일이 될 만큼 미국의존 상태였던 것이다.

6·25전쟁을 겪은 세대에게는 분명 휴전선 이북 사람들은 총부리

를 겨누고 싸운 적이었고, 미국은 혈맹의 우방이었다. 그러나 부끄러운 동족상잔을 겪지 않은 지금의 젊은 세대에게는 북녘사람들은 동족이며, 미국은 영국·프랑스와 다름없는 하나의 타국일 뿐이다.

6·25 동족상잔을 경험한 인구보다 그렇지 않은 인구가 절대적으로 많아진 지금의 탈미현상은 극히 자연스러운 일이며, 대통령 되려는 사람이 먼저 미국 다녀오던 전례가 청산되고, 미국 가보지 않고 대통령 되는 일도 이상하지 않게 되어간다. 어느 전직 대통령이 잘 쓰던 말이지만, 닭의 목을 비틀어도 아침은 오게 마련이며, 도도한 역사의 흐름은 아무도 막지 못하게 마련이다. (2003. 1. 22)

정상회담과 통일문제│남북정상회담을 수행하고

정상회담 후 무엇을 할 것인가│제2차 정상회담 이루어져야 한다

6·15공동선언과 재일동포 사회│남북 교육자 여러분께

평양방문기│북한학자들을 처음 만난 이야기

4. 남과 북이 만났을 때

평양의 주선생님께 | 비전향 장기수 선생님들께

이산가족 만남을 보고 | 열 번이라도 가보고 싶은 금강산

한반도 통일과 체제문제 | 한·미·일 공조와 평화통일

'북핵' 과 어느 아버지와 아들

정상회담과 통일문제

이번 평양의 남북정상회담 과정에서 남북 두 정상을 포함한 참석자들이 〈우리의 소원은 통일〉이란 노래를 부르는 장면이 크게 보도되었다. 정상회담이 열리는 궁극적 목적은 물론 완전한 통일을 이루기 위해서이다. 그렇다면 우리가 그렇게도 바라는 통일은 지금 어디쯤 와 있는가, 완전한 통일은 언제쯤 어떤 형태로 올 것인가 하는 문제 등을 차분하게 생각해 봐야만 이번에 성사된 남북정상회담이 민족통일의 역사 위에서 어떤 의미를 가지는가를 이해할 수 있게 될 것이다.

돌이켜보면 제2차 세계대전 후 분단된 민족사회 중에서 맨 먼저 베트남이 전쟁방법으로 통일되었고, 다음에는 독일이 이른바 흡수통일되었다. 그렇다면 우리 한반도의 경우 이 두 가지 통일방법 중 어느 하나라도 가능할 것인가 생각해 볼 필요가 있다. 우선 전쟁통일의 경우 사실은 한반도에서 먼저 기도되었다. 6·25전쟁이 그것이다. 이 전쟁을 통해 처음에는 북쪽에서 통일할 뻔했으나 미군을 중심으로 하는 유엔군의 참전으로 안 되었고, 다음에는 남쪽에서 통일할 뻔했으나 중국군의 참전으로 안 되었다.

한반도가 전쟁의 방법으로 통일될 뻔했는데 왜 처음에는 유엔군이 다음에는 중국군이 참전하여 통일이 안 되었는가 하면, 그것은 한마디로 한반도가 가지고 있는 지정학적 위치 때문이라 할 수 있다. 한반도가 북쪽에 의해 전쟁통일이 되는 것을 미국이 용납할 수 없었고, 반대로 남쪽과 미국세력에 의해 통일되는 것을 중국 나아가서 소련이 용납할 수 없었던 것이다. 결국 한반도는 지정학적 위치 때문에 전쟁의 방법으로는 통일될 수 없었고, 따라서 평화적으로 통일될 수밖에 없다는 결론이 나오게 되었다. 그 때문에 7·4공동성명에서 평화통일론이 표방되었으나 후속 성과는 없었다.

그후 자본주의 체제 서독에 의해 사회주의 체제 동독이 흡수통일됨으로써 한반도도 같은 방법으로 통일될 것이 한때 크게 기대되었다. 그러나 자본주의 체제 남쪽에 의해 사회주의 체제 북쪽이 흡수되는 통일도 되지 않았고, 앞으로도 그렇게 될 상황은 아닌 것 같다.

왜 한반도에서는 전쟁통일도, 흡수통일도 안 되는가. 한반도가 미국이나 일본의 도움을 받는 남한에 의해 통일되어 해양세력권에 들어가는 것을 중국이나 러시아가 용납하지 않으려 할 것이며, 반대로 한반도가 북한에 의해 통일되어 대륙세력권에 들어가는 것을 미국이나 일본이 용납하지 않으려 할 것이기 때문이다.

그렇다면 한반도의 통일은 어떻게 이루어질 수 있을 것인가를 생각하지 않을 수 없다. 사이공 함락으로 된 베트남식 통일도 베를린장벽이 무너져서 된 독일식 통일도 아닌 한반도식 통일방안이 고안되어야 한다고 할 수 있다. 우리는 그것을 전쟁통일도 흡수통일도 아닌 '협상통일'이라 이름짓고자 한다.

협상통일은 하루아침에 이루어지지 않고 긴 과정과 시간이 필요하며 어느 한쪽의 주도에 의해 통일될 수 없다는 점에서 전쟁통일·흡수통일과 다르다. 그것을 알게 되면 북쪽이 저절로 무너져서 흡수통일되기를 앉아서 기다리는 어리석은 짓은 안 하게 될 것이며, 하루라도 빨리 북쪽과의 통일을 위한 협상에 나서게 될 것이다. 이번 남북정상회담은 이같은 협상통일의 첫걸음을 내딛은 일이라 할 수 있으며 우리식 통일방안을 찾아나선 첫걸음이라 할 수 있다.

남북에 두 개의 국가와 권력이 실재하는데 그것을 전쟁도 아니고 흡수도 아닌 방법으로 어떻게 하나로 만들어갈 것인가. 그동안 남쪽에서는 연합제안을 제시했고, 북쪽에서는 연방제안을 제시했다. 연합제안은 당분간은 외교·군사권을 가지는 두 개의 국가를 그냥 두자는 안이고, 연방제안은 정부는 둘인 채로 두더라도 외교·군사권을 가지는 국가만은 하나로 하자는 안이다.

이 두 안을 두고 맞서온 남북이 이번 남북공동성명에서 발표한 것과 같이 연합제안과 '낮은 단계의 연방제안'이 별다를 것이 없다는 사실에 인식을 같이하게 되었다. '낮은 단계의 연방제안'이란 중앙정부는 당분간 두지 않고 외교·군사권을 각각 따로 가지는 두 개의 지방정부가 정상회담이나 각료회담 혹은 의회대표회담 등을 통해 서로 접근하면서 통일방안을 검토하고 연구하자는 수준에 머무는 것이라 생각된다.

종래 평행선을 달려온 연합제안과 연방제안이 '낮은 단계'라는 전제를 붙여 접합점을 구해 보자는 방향으로 선회했다고 할 수 있을 것이다. 지난날 비록 '낮은 단계'라 할지라도 연방제 말만 나오면 북쪽 노선에 동조했다 하여 갖은 핍박을 받은 사람으로서는 억울하지만, 그래도 민족사회의 장래를 위해 이만한 진전이라도 있는 것을 기뻐하지 않을 수 없다.

통일이란 겉으로는 하자 하면서도 속으로 안 하려고 하면 아무리 좋은 방법이 있어도 소용없고, 겉이나 속이 모두 통일하려는 진실한 마음을 가지면 그것에 적합한 방법은 있게 마련이다.

우리의 통일은 전쟁통일도 흡수통일도 아닌 협상통일일 수밖에 없으며, 이번 남북협상으로 이제 겨우 그 출발점에 섰다고 할 수 있다. 분단 반세기가 넘는 동안 우리는 우리에게 맞는 통일방법조차 찾지 못하고 헤매온 셈이다. 그러나 이번 남북정상회담을 통해 이제 그 방법을 어느 정도 찾게 되었다고 하겠다. 일단 방법을 찾으면 가는 길은 순조롭고 또 빨라지게 마련이다.

우리 민족은 지난 20세기를 통해 남의 식민지가 되고 또 분단되어 싸우고 대립함으로써 민족사회 자체의 평화를 이루지 못했음은 물론, 동아시아 전체의 평화를 위해 공헌하지 못한 것이 사실이다. 21세기 동아시아의 평화를 위해서는 무엇보다도 한반도의 평화적 통일이 필수적이다. '협상통일'을 이루어 동아시아와 세계 평화에 이바지함으로써 떳떳한 국제사회의 일원이 되어야 할 것이다.

그렇게 보면 이번 남북정상회담이야말로 '협상통일'의 첫걸음이요, 우리 민족이 동아시아 및 세계 평화에 이바지하는 하나의 출발점이 될 것이다. (2000. 6. 18)

남북정상회담을 수행하고

민족화해범국민협의회 상임의장 자격으로 2박3일간 평양의 남북정상회담에 참가하고 돌아왔다. 서울의 공항을 떠날 때 함께 가는 이해찬 의원이 "이제 분단시대가 끝나는 것 같습니다" 하고 말했지만, 우리 시대를 분단시대라 이름짓고 그것을 평화적으로 극복해야 한다는 역사의식을 가진 지 30년이 되어가는 오늘에야 그것이 이루어져 가는 뜨거운 현장에 함께했다가 돌아왔으니, 동행한 동갑내기 고은 시인과 나눈 말 그대로 지금 죽어도 여한이 없다는 생각이다.

순안비행장에 내려 치마저고리로 곱게 단장하고 손에 붉은 조화를 든 환영인파가 기다리는 북쪽 땅을 처음 밟았을 때의 감격은 작년에 금강산을 갔을 때와는 또 다른 것이었다. 비행기 안에서도 대통령을 영접하러 누가 나올까 궁금해했는데,

우리 비행기가 먼저 내리고 대통령전용기가 내린 후 환영군중들이 갑자기 환호를 해서 그쪽을 봤더니 사진을 통해서만 보던 김정일 국방위원장이 성큼성큼 걸어서 대통령전용기 쪽으로 가고 있었다.

"아아, 일이 잘되겠구나" 하는 말이 저절로 나왔다. 남쪽 대통령이 인민군 의장대를 사열하고 북쪽 정상과 나란히 한 자동차를 타고 가는 것을 보면서, '내가 바로 역사 그것을 보는구나' 하는 생각을 하지 않을 수 없었다.

자동차를 타고 평양시내로 가면서 또 한번 크게 놀랐다. 우리는 비행장에서의 환영이 전부인 줄 알았는데, 평양시내로 들어서는 경계지점에서부터 양쪽 길에 역시 붉은 조화를 들고 만세를 연호하는 인파가 끝없이 계속되는 것이었다. 곳에 따라서는 길가뿐 아니라 뒤편 언덕까지 사람들로 빼곡히 차 있었다.

손을 흔들어 답하면서 자세히 보니, 눈물을 흘리며 환호하는 사람들이 많았는데 대개가 나이 든 사람들이었다. 계속 손을 흔들다 보니 팔이 아팠지만 도저히 멈출 수가 없었다. '이렇게 많은 사람을 동원하다니' 하는 생각을 잠시 했으나, 그들의 눈물을 보고 또 진심 어린

표정들을 보고는 어쩔 수 없는 동족애가 느껴지면서 가슴이 벅차올랐다.

만수대예술극장과 만경대소년학생궁전 등에서 예술성 높은 공연을 관람한 것도 인상적이었지만, 이번 2박3일 일정의 절정은 아무래도 14일의 만찬이 아니었던가 한다. 대통령의 귀환보고에서도 언급되었지만, 남북공동선언을 작성하기 위한 14일의 회담은 난항이었던 것 같다. 그러나 일단 타결되고 남쪽이 만찬을 주최하게 되었는데, 입장절차가 상당히 까다로워 혹시 북쪽 정상이 참석하는 것이 아닌가 생각했다.

과연 김정일 위원장이 들어오면서 우리 쪽 참석자들과 일일이 악수를 하였는데, 손에 힘이 강하게 느껴졌다. 이날의 만찬장은 정말 화기애애했다. 50년 이상 막혔던 우리 역사의 체증이 한꺼번에 뚫리는 것 같은 자리가 아닐 수 없었다.

전날 밤 고은 시인이 자신이 쓴 시를 보여주어 읽었었다. 그 시를 이 만찬장에서 낭송하게 했으면 하고 한광옥 대통령비서실장께 귀띔했고, 한실장이 두 정상의 동의를 얻어 고은 시인이 자작시를 낭송

정상회담을 수행한 한 시인이 감격에 벅차
시를 써서 낭송한다 해도, 서로 말이 통하지 않아서
시를 번역해야 할 경우라면 그런 감격이
전해질 리 만무할 것이다. 말이 같고 감정이 통하는
동족 사이라 이런 일이 가능했던 것이다.

했다. 시낭송으로 만찬 분위기는 절정에 올랐고, 다음날 오찬자리에서까지 김정일 위원장이 고은씨에게 시 이야기를 했다.

정상회담을 수행한 한 시인이 감격에 벅차 시를 써서 낭송한다 해도, 서로 말이 통하지 않아서 시를 번역해야 할 경우라면 그런 감격이 전해질 리 만무할 것이다. 말이 같고 감정이 통하는 동족 사이라 이런 일이 가능했던 것이다. 정상회담까지 간 우리의 통일이 다시는 후퇴하지 말고 완전통일을 향해 계속 전진하기만을 바라는 마음 간절하다.

일정이 너무 빡빡해서 몇 군데밖에 못 가봤지만 인민대학습당은 인상적이었다. 우리식 건축양식으로 된 10층건물에 3천만 권의 책이 소장되어 있다 했으나, 그렇다고 해서 도서관만은 아니다. 도서관 기능과 교육 및 연구 기능을 합친 송합석 학술문화기관인네, 사회주의권의 다른 나라에도 이런 기관은 없다고 했다. 도서검색을 컴퓨터로 하게 되어 있었다.

또 주로 소프트웨어를 개발하는 컴퓨터연구소를 가봤는데, 시설도 좋고 많은 젊은 전문가들이 열심히 일하고 있었다. 안내자는 소프트

웨어를 개발해서 일본에 많이 팔았다고 자랑했다.

자동차를 타고 다니면서 본 평양거리는 조용하고 깨끗하고 차분했다. 우리가 사진 등에서 본 것처럼 높은 아파트가 많이 서 있었지만, 그렇다고 해서 복잡한 도시는 아니었다. 주암초대소라는 데서 묵었는데 넓은 방바닥 전체에 돗자리가 깔린 것이 인상적이었고, 대동강과 능라도가 내려다보이는 숲이 우거진 곳이었다. 나무들이 잘 가꾸어져 있었고 길도 새로 잘 포장되어 있었다. 능라도는 섬 전체가 윤중제로 쌓여 있고 가운데 15만 명을 수용하는 5·1경기장이 있었다. 임수경씨가 갔을 때의 행사가 여기에서 열렸다고 했다.

돌아오는 날의 마지막 오찬장 분위기도 참으로 좋았다. 남쪽 언론에도 많이 공개되었지만, 두 정상과 참석자들이 손을 잡고 〈우리의 소원은 통일〉을 불렀다. 지금까지 여러 종류의 행사장에서 이 노래를 많이 불렀으나, 이날은 정말 다른 느낌이었고 목이 메어옴을 어찌할 수가 없었다. 두 정상도 수행원 각자에게 술을 권하면서 즐거워했으며, 김정일 위원장은 즉석에서 김대통령을 공항까지 전송하겠다고 스스로 발표했다.

늘 말해 왔지만 우리의 통일은 사이공이 함락되거나 베를린장벽이 무너져서 되는 베트남식 혹은 독일식이 될 수 없다. 결국 차츰차츰 단계적으로 통일이 이루어지게 마련인데, 그러기 위해서 이번 정상회담은 통일로 가는 과정에 세워진 하나의 큰 이정표라 할 수 있을 것이다. (2000. 6. 16)

정상회담 후 무엇을 할 것인가

한반도식 '협상통일'을 위해 앞으로 어떻게 할 것인가 하는 문제도 6·15남북공동선언에서 잘 말해 주고 있으며, 정상회담에서 통일의 방향에 대해 쌍방이 합의했기 때문에 그 후속조처는 비교적 쉬워졌다고 할 수 있다.

우선 남북 사이에는 벌써 상호비방 방송이 중단되었고 이산가족 문제를 의논하기 위한 적십자회담이 곧 시작되게 되었다. 이산가족 문제는 종래 북에서 남으로 온 사람들의 문제에만 한정되어 논의되었으나, 이번 공동선언에서 처음으로 비전향 장기수 문제가 언급되었다. 앞으로 적십자회담이 진전됨에 따라 월북 혹은 납북 인사 문제 및 그동안 남쪽에서 북쪽에 간첩으로 투입했던 사람들의 문제까지 거론되고 해결되어야 할 것이다.

그동안 어느 부문보다 비교적 활발했다고 할 수 있는 경제협력 부문도 이제는 투자보장법 같은 것이 마련되면서 본격적으로 이루어질 수 있을 것이다. 늘 말해 왔지만 김대중정부는 해방 후 남쪽에서 성립된 정부 중에서는 가장 대북 화해적인 정부라고 할 수 있다. 그러나 임기가 있는 정부이기 때문에 이 정부의 임기 안에 남북관계에서 가시적인 결과가 가능한 한 많이 나오는 것이 바람직하다고 생각한다. 적어도 김대중정부 임기중에 남북철도를 연결하는 일, 쌍방에 연락사무소를 두고 정상회담과 각료회담 및 의회의원회담을 정례화하는 일 정도는 이루어지는 것이 바람직할 것이다.

남북 문화교류 문제에서도 지금까지는 주로 예술인이나 체육인 중심으로 어느 정도 내왕이 있었지만 앞으로는 학자·문화인 등의 교류가 요긴하다는 생각이다. 특히 남북 사이의 국어문법성의 차이가 심하고 사용하는 용어도 차이가 심한데, 그동안 양쪽의 학자들이 민간 차원에서 그것도 제3국에서 만나 약간의 의견교환 정도가 있었던 것으로 알고 있다. 앞으로는 남북 정부 차원에서 이 문제를 연구하는 공동연구기관을 두어야 한다고 생각한다. 국어문법과 용어 문

제를 예로 들어 말했으나, 이밖에도 역사교육 문제 등 1국가1정부1
체제의 완전한 통일이 되기 전에 미리 연구되고 조절되어야 할 문제
들이 많다.

남쪽 '민화협' 상임의장으로서 북쪽 '민화협' 회장에게 제의했지만,
금년부터는 7·4남북공동선언 기념행사나 8·15 기념행사를 남북이
같이하는 일도 바람직하며, 시드니올림픽에 남북 공동응원단을 보낼
수 있어야 할 것이다. 특히 8·15행사를 남북이 함께할 수 있다면, 아
마 모르긴 해도 해방 후 50여 년 만에 최초로 참다운 해방기념행사
를 하는 게 될 것이다.

해방 직후에는 8·15노래가 "어둠의 쇠사슬 풀리고 자유의 종소리
울린 날"로 시작하는 노래 하나뿐이었다. 북에서 지금도 이 노래를
부르는지 모르지만, 그후 남에서는 "흙 다시 만져보자/바닷물도 춤
을 춘다" 하는 노래로 바뀌었다. 모든 것이 둘로 된 우리의 역사를 차
츰차츰 하나로 만들어가는 과정이 곧 통일과정인 것이다.

6·15남북공동선언은 완전통일의 한 과정으로서 남북화해와 평화
공존의 실현을 선언한 것이라 할 수 있다. 평화공존이 통일의 출발점

이 된다는 사실을 이해하지 못하면, 6·15남북공동선언의 진의를 파악하기 어렵다. 이 선언은 지난 반세기 이상 지속된 남북의 대결체제를 깨트리고 평화공존체제로 전환하는 계기를 마련하는 것이며, 그것이 곧 평화통일의 출발점이 되는 것이다.

6·15남북공동선언 이후의 후속조처는 물론 대내적인 문제에만 한정되는 것이 아니고, 그것 못지않게 대외적 후속조처도 중요하다. 남북 대결체제는 동아시아 전체를 한·미·일 공조체제와 조·중·소 혹은 조·중·러 공조체제의 대립장이 되게 했다. 그러나 한반도의 평화공존체제는 한·미·일 공조체제와 조·중·러 공조체제를 넘어서 한반도의 남북 공조체제를 이룸으로써 전체 동아시아의 대립체제를 해소하게 될 것이다.

남북정상회담에서 돌아온 김대중 대통령이 특별히 힘들이는 부분이 주변 4강 외교임을 아마 국민들은 눈치챘을 것이다. 7·4공동성명에서 처음 나왔고 6·15공동선언에서 다시 확인되었지만, 우리 민족의 통일문제는 자주적으로 이루어져야 한다. 중국은 이미 한반도 문제는 남북이 주역이고 중국은 조역이어야 한다고 했다. 그 말 속에는 미국도 이제 한반도 문제에서 조역이 되어야 한다는 뜻이 들어 있다고 할 수 있다.

한반도의 분단에는 외세가 크게 작용한 것이 사실이다. 그러나 그 통일은 외세가 해결할 수 있는 문제가 아니며, 어디까지나 남북이 주역이 되어 해결해야 할 문제다. 우리가 가만히 있는데 외세가 자발적으로 통일되도록 하겠는가. 한반도 전체가 미국·중국 등 어느 세력권에도 일방적으로 포함되지 않는 방향에서의 통일이 추구될 때 비로소 가능해질 것이다.

앞으로 북미관계가 정상화된다 해도, 그것은 한중관계 이상도 이하도 아닌 수준에서 이루어져야 할 것이다. 북한 지역까지를 미국세력권 안에 넣기 위한 북미관계 개선은 불가능하다는 말이다.

주한미군이 계속 주둔한다 해도, 남북 대립시대가 아닌 남북 화해·공존 시대의 주한미군은 북한과 적대관계에 있는 미군이 아니라 한반도의 남북 전체와 나아가서 동아시아 전체의 안전 및 평화를 위해 봉사하는 미군이 되어야 할 것이다. 또 그것은 남북한은 물론 중국도 러시아도 인정하고 원하는 주둔군이 되어야 할 것이다. 그리고 통일된 한반도와 중국·러시아·일본 등 동아시아 여러 나라들이 협력하여 스스로 안전과 평화를 확립할 수 있는 시기가 되면, 미군은 주둔 이유를 상실하게 될 것이다. (2000. 6. 19)

제2차 정상회담 이루어져야 한다

여러 번 지적했지만, 김정일 위원장이 서울이나 그밖의 남녘 땅 어느 곳에 오는 일은 김대중 대통령이 평양에 간 데 대한 단순한 답방이 아니다. 그것은 민족문제·통일문제를 한층 더 진전시키기 위한 제2차 정상회담을 위한 길이며, 이후 남북 사이에 제3차 정상회담이 있게 하기 위한 필수적 과정이다. 앞으로 몇 번이 될지 모르지만 평화정착과 통일문제 타결과정을 통해 필요한 만큼의 남북정상회담이 개최되어야 할 것이며, 제2차 정상회담도 그중의 하나이기 때문이다.

제1차 정상회담의 결과 남북 사이에 장관급회담이 여러 번 열려서 철도를 연결하는 문제, 공단을 건설하는 문제, 수방대책을 공동으로 세우는 문제 등이 합의되었다. 그러나 장관급회담은 어디까지나 실무적 차원의 일을 논의하고 결정하는 회담이다. 그보다 높은 차원의 문제, 예를 들면 휴전조약을 평화조약으로 바꾸는 문제나 한반도의 평화를 정착시키기 위해 남북이 함께 평화선언을 선포하는 일 혹은 평화정착 및 통일문제를 더 적극적으로 추진하기 위해 남북 두 정부 위에 어떤 상설기구를 두는 일 등은 역시 정상회담에서 결정되어야 할 차원의 문제다.

제1차 정상회담을 성사시킨 남쪽의 김대중정부는 임기가 내년 2월로 끝나게 되어 있다. 다음에 역사가들이 정확하게 평하겠지만, 지금의 시점에서 보면 김대중정부는 해방 후 남쪽에서 성립된 정부 중에서 가장 평화통일 지향적이고 따라서 대북 화해적인 정부라 할 수 있으며 그 때문에 6·15공동선언이 나왔다고 할 수 있다. 철도가 연결되고 개성공단이 건설되고 금강산 육로관광이 열려서 휴전선을 군사대결선이 아닌 단순한 경계선으로 만들어가게 되면, 6·15공동선언이 7·4공동성명이나 남북합의서 교환과는 차원을 달리한다는 사실이 실증될 것이다. 따라서 제2차 정상회담의 성사야말로 6·15 공동선언의 역사성을 더 높이는 일이다.

전쟁통일도 흡수통일도 아닌, 우리가 말하는
협상통일 방법에는 반드시 평화정착 과정이 앞서야
하며, 철도를 잇고 육로관광 길을 열고 하는 것은
평화정착 과정일 뿐이다.

　세상을 놀라게 한 6·15공동선언을 좀더 분석적으로 보면, 그것은
‘통일선언’이라기보다 ‘평화정착선언’이라 보는 것이 더 정확하다고
할 수 있다. 그리고 평화정착을 더 진전시키려면 김대중정부 임기중
에 제2차 정상회담이 열려서 휴전협정을 평화협정으로 바꾸거나, 그
것이 휴전협정 당사국인 미국과의 문제 때문에 쉽지 않다면 남북 두
정상이 한반도에서의 전쟁과 대결을 철저히 부인하는 평화선언을
선포할 필요가 있다.
　남쪽에서는 흔히 대북 화해문제를 두고 보수적 입장이니 진보적
입장이니 하는 구분이 있으며, 김정일 위원장의 남쪽 나들이를 민족
문제 해결을 위한 제2차 정상회담으로 보지 않고 단순한 답방으로
보는 경우 찬성도 있고 반대도 있을 수 있다. 우리 민족의 통일은 전
쟁통일도 불가능하고 흡수통일도 불가능할 뿐만 아니라, 실제로 남
북이 모두 전쟁통일은 말할 것 없고 흡수통일도 하지 않겠다고 공언
하고 있다.
　통일을 하지 않겠다면 몰라도 통일을 해야 한다고 생각하면, 전쟁
통일이나 흡수통일이 불가능함을 안 이상, 우리 민족의 통일방법은

우리가 말하는 협상통일일 수밖에 없다. 설령 통일문제에 대한 보수적 관점이 있다 해도 그것이 전쟁통일론이나 흡수통일론이 아닌 평화통일론인 이상, 보수적 입장이나 진보적 입장 사이에 완급의 차이는 있을지언정 본질적인 차이는 있을 수 없다. 그리고 김정일 위원장의 제2차 정상회담 참가가 짧게 보면 평화정착을 위한 일이고 길게 보아 평화통일·협상통일의 길인 이상, 전쟁주의자나 반통일론자가 아닌 한 김위원장의 남쪽 나들이와 제2차 정상회담 성사를 반대할 이유가 없다.

통일문제에 대해 보수적 시각을 가진 처지에서 보면, 철도를 연결하고 북쪽에 공단을 건설하고 금강산 육로관광 길을 열고 하는 일이 남북이 바로 하나로 되는 것처럼 느껴지고 이렇게 서둘다가 혹시 잘못되는 것 아닌가 하는 의구심을 가질 수 있을지도 모르겠다. 그러나 그것은 통일문제에 대한 인식이 잘못된 결과라 할 수 있다. 전쟁통일도 흡수통일도 아닌, 우리가 말하는 협상통일 방법에는 반드시 평화정착 과정이 앞서야 하며, 철도를 잇고 육로관광 길을 열고 하는 것은 평화정착 과정일 뿐이다.

남북 두 개의 국가를 어떻게 하나로 만들 것인가 하는 구체적인 통일방안에 대해서는 남북 사이에 아직 전혀 합의된 바 없다. 지금은 한반도에 실재하는 두 개의 국가를 어떻게 하나로 만들 것인가 하는 문제를 섣불리 논할 단계가 아니고, 그것을 논할 수 있게 될 앞단계로서 어떻게 하여 한반도에 평화를 정착시킬 것인가, 어떻게 해서 다시는 6·25전쟁과 같은 것이 일어나지 않게 할 것인가를 강구하는 단계라 할 수 있다.

김정일 위원장의 남쪽 나들이로 제2차 정상회담이 이루어지고 그 결과 휴전협정을 평화협정으로 바꾸거나 아니면 남북정상이 함께 평화선언을 할 수 있다면, 지금의 실정으로서는 대단히 높은 성과라 할 수 있다. 그러나 그것 역시 통일을 당장 어떻게 하자는 것이 아니라, 구체적인 통일방안을 논의할 만한 기반을 조성하기 위한 앞단계로서 평화를 정착시키려는 일에 지나지 않는다. 평화정착을 싫어하지 않는 한, 김위원장의 남쪽 나들이를 반대할 이유가 없는 것이다.

우리는 불행하게도 민족상잔의 아픈 역사를 가진 민족이다. 그것은 형언할 수 없이 처절한 전쟁이었고, 씻어내기 어려운 깊은 상처를

전쟁위험을 없애고 분단문제의
평화적 해결을 당면과제로 하는 지금의 한반도
남북 주민들은, 오늘과 내일을 더 낫게
하는 데 유익한 과거만이 기억할 만한 과거임을
아는 일이 중요하다.

남겼다. 그렇지만 그것은 어디까지나 지나간 세기의 냉전체제 아래에서 일어난 민족사적 불행이기도 하다. 세계사는 바야흐로 21세기로 들어서면서 냉전체제를 해소하고 평화주의를 지향해 가고 있다. 세계에서 유일하게 남은 분단민족이면서 그 아픈 기억에 얽매여 민족문제를 평화롭게 풀어가지 못한다면, 21세기에도 계속 세계사적 조류에 뒤처지는 민족으로 남고 말 것이다.

그런 시각에서 보면 김위원장의 남쪽 나들이는 단순한 답방이 아닐 뿐만 아니라, 제2차 정상회담 참석 이상의 의미를 가진다고 할 수 있다. 20세기가 마지막 가는 해에 이루어진 제1차 정상회담에서 6·15공동선언이 나옴으로써 한반도 평화정착의 큰 출발점이 마련되었다면, 김위원장의 남쪽 나들이와 제2차 정상회담은 우리 민족사에서 20세기적 불행을 청산하고 21세기의 화합과 평화와 통일의 시대를 열어가는 큰 계기가 될 수 있을 것이다.

전쟁위험을 없애고 분단문제의 평화적 해결을 당면과제로 하는 지금의 한반도 남북 주민들은, 오늘과 내일을 더 낫게 하는 데 유익한 과거만이 기억할 만한 과거임을 아는 일이 중요하다. (2002. 9. 10)

6·15공동선언과 재일동포 사회

모국이 분단되면 재외동포 사회도 따라서 분단되게 마련이며, 그 대표적인 경우가 재일동포 사회가 아닌가 한다. 모국이 분단됨으로써 재일동포 사회도 민단과 총련으로 분열하여 대립하였고, 그 때문에 양쪽 모두 일본사회로부터 외국인 대우를 제대로 못 받았다. 그런 재일동포 사회가 6·15남북공동선언 이후 변화하고 있음을 직접 확인하는 기회를 가질 수 있었다.

얼마 전 일본 효고현의 민단과 총련이 공동으로 개최하는 6·15공동선언 2주년 기념행사에 초청을 받고 고베에 가서 통일문제 강연을 했다. 민단과 총련의 실무자가 함께 다정하게 공항까지 마중 나왔기에, 일본에서 우리 음식이 먹고 싶어도 상호가 두만강이나 백두산이면 겁나서 못 들어갔던 지난일을 생각하면서 두 단체 실무자들이 언제부터 이렇게 다정스러워졌느냐고 물었더니, 6·15선언 전만 해도 양쪽 실무자가 함께 행동하는 것은 상상도 못했다고 했다.

6·15공동선언 현장에 자리했던 사람으로서의 '책임감' 때문에 지난 2년간 전국을 다니면서 통일관계 강연을 많이 했고, 작년 공동선언 1주년에는 총련만의 초청을 받아 도쿄와 교토에서 강연했다. 그러나 금년 2주년에는 민단과 총련의 공동초청을 받고 가서 강연하게 되었으니 진일보한 것이라 하겠다. 중요한 것은 국내에서와 똑같은 내용의 강연을 총련계를 포함한 일본동포에게 했는데도 국내에서와 전혀 다르지 않은 반응을 얻을 수 있었다는 점이다.

평양에서는 아직 통일문제 강연을 못해 봤지만, 남한에서 하는 통일문제 강연을 총련계 동포에게 그대로 해도 전혀 거부반응이 없었다면, 이제 통일에 대한 기본 인식과 방향은 남북이 어느 정도 합의되어 간다고 할 수 있다. 그리고 그 점이 바로 6·15공동선언의 가장 중요한 성과라고 할 수 있다.

얼마 전 미국동포들에게 통일문제 강연을 했을 때는 통역이 필요하지 않을 만큼 청중의 대부분이 중년층 이상의 1세동포들이었다.

그러나 일본에서는 통역이 필요할 만큼 우리말 듣기가 자유스럽지 못한 젊은 청중이 많았는데, 그들이 열심히 메모하는 모습이 강연하는 사람의 눈에도 보였다. 민단과 총련이 분립되어 있는 일본에서의 통일문제 강연에 젊은 청중이 많은 것은 어쩌면 당연한 일인지도 모르겠다.

효고현의 민단계와 총련계는 6·15공동선언 후부터 현의 축제행사에 함께 참가했고, 경로행사·바둑대회 등도 함께 했으며, 그 결과 동포사회의 노인복지·장애인복지 문제 등에서 일본 행정당국의 협조를 받을 수 있었다고 한다. 6·15공동선언 2주년 기념강연에는 처음으로 효고현 지사가 와서 축사했고, 현의 국제관계 관료 몇 사람이 끝까지 듣고 메모했다며 강연자에게 와서 인사했다.

6·15공동선언은 분열되었던 재일동포 사회가 하나로 되는 계기를 마련했고, 하나로 되어감에 따라 일본 쪽의 우리 동포사회에 대한 인식이 바뀌는 계기가 되었다고 할 수 있다. 강연회가 끝난 뒤 민단과 총련 간부들이 함께 일본식으로 말하면 곤신카이, 즉 친목회를 가졌다. 고베 땅에 같이 살면서도 서로 만나지 않았을 뿐만 아니라 지

나쳐도 알은체하지 않았던 사람들이 6·15남북공동선언을 계기로 하나의 민족, 하나의 동포로 다시 뭉치게 된 것이다.

6·15공동선언 2주년을 맞으면서 국내에서는 오히려 그 의미가 퇴색해 가는 면이 없지 않지만, 그 선언이 해외동포 사회를 하나로 묶어내는 중요한 역할을 해냈음을 실감할 수 있었다. 다음 대통령선거가 끝난 후 김대중정권 임기중, 즉 내년 1월쯤에 제2차 정상회담이 이루어지고, 차기 대통령당선자와 김정일 위원장이 서울에서 만날 수 있다면 앞으로 민족문제를 풀어가기가 훨씬 쉬워질 것이다. 그리고 6·15공동선언의 역사성도 크게 높아질 것이다.

남북문제에는 언제나 의외의 돌발사건이 있게 마련이며 그 영향은 국내뿐 아니라 재외동포 사회에도 즉각 미치게 마련이다. 지난 7월에도 후쿠오카·히로시마·나고야·요고하마 등지에서 역시 6·15공동선언 2주년 기념강연을 했는데, 그때는 서해교전 후여서 그 영향으로 민단과 총련이 공동으로 개최하기로 되어 있던 어느 도시의 강연회가 총련만의 강연회로 되고 말았다. 그런데도 강연회 후의 식사자리는 민단 쪽이 마련했다. 이런 일도 물론 6·15공동선언 전에는 없었던 일이라 했다.

　다행히 서해교전에 대한 유감표명이 있었고, 남북관계가 급진전할 것 같은 상황이 되었다. 남북관계가 경직되어 있을 때는 재외동포 사회가 자유스러워지기 어렵겠지만, 남북관계가 풀려갈 때는 재외동포 사회가 오히려 그것을 선도할 수도 있을 것이다. 모국에 사는 사람으로서는 다소 무책임한 생각인지 모르지만, 6·15공동선언의 효력이 휴전선이 실재하는 모국에서보다 그것이 없는 재외동포 사회에서 더 크게 나타나기를 기대해 마지않는다. (2002. 8. 30)

남북 교육자 여러분께

지난 30여 년간 교육계에 종사한 사람으로서 또 역사적 남북정상회담에 수행한 사람으로서, 남북의 교육자 여러분에게 글을 드릴 수 있게 되어 기쁩니다. 타민족에게 강제 지배되고 또 민족이 분단되어 서로 싸우고 대립했던 20세기가 지나가고 이제 옳은 의미의 평화통일을 지향하는 21세기가 오고 있습니다만, 그것을 실증이나 하듯 남북정상회담이 성사되고 공동선언이 발표되었습니다.

그동안에도 각급 학교에서 모두 통일교육을 해왔으나, 그것은 대체로 남북 화해구도가 아닌 대결구도 아래서의 통일교육이었다고 할 수밖에 없습니다. 한반도의 경우 전쟁통일이 불가능함은 6·25전쟁에서 실증되었다 해도, 대신 혁명통일 혹은 흡수통일이 기대되어 온 것이 사실입

니다. 그러나 혁명통일이나 흡수통일이 모두 불가능해진 것 또한 사
실이라 하겠습니다. 그래서 우리의 통일은 결국 협상통일일 수밖에
없다는 생각을 가지지 않을 수 없게 되었으며, 이번 남북정상회담의
성사는 이 협상통일의 시작이라 할 수 있을 것입니다.

남과 북의 교육자 여러분, 협상통일에는 혁명통일이나 흡수통일과
는 다른 역사인식과 민족인식이 필요하며 또 많은 시간과 인내가 필
요합니다. 여러분들도 이 협상통일 시대의 주인인 것은 틀림없습니
다만, 특히 여러분이 가르치고 있는 학생들이야말로 여러분보다 더
길게 더 많이 우리 민족사회의 21세기를 담당해야 할 주인들이요,
협상통일을 완결시키고 통일 이후의 민족사회를 이끌어가야 할 주
인공들입니다.

전쟁통일은 말할 것 없고 혁명통일이나 흡수통일을 지향하는 경
우와 협상통일을 지향하는 역사인식과 민족인식이 달라야 한다고
앞에서 말했습니다만, 그 말은 무력통일 지향 시대와 혁명통일 지향
시대 및 흡수통일 지향 시대를 많이 산 사람이 자신의 역사인식이나
민족인식을 협상통일 시대를 주로 살아야 할 사람들에게 그대로 강

요해서는 안 된다는 말도 됩니다. 남쪽의 경우에 한정해서 말하면 무력통일이나 흡수통일을 지향하던 시대의 반공의식이나 반북인식을 가지고 협상통일을 수행해 나갈 수 없음은 말할 것 없고, 그런 의식으로 협상통일 시대를 살아나갈 사람들을 가르치기도 어렵습니다.

모든 사람이 그렇겠습니다만 특히 남을 가르치는 사람은 그 생각이 시대의 변화, 역사의 변화에 맞추어 날로 새로워져야 한다고 생각합니다. 일일신우일신(日日新又日新)이란 말이 있습니다만, 그것을 위해 부단히 노력해야겠지요.

그렇다고 해서 가르치는 사람과 배우는 사람의 세상 보는 눈이나 민족사회의 장래를 보는 눈이 같아야 한다는 말은 아닙니다. 다를 수밖에 없고 또 달라야 합니다. 다를 수밖에 없고 달라야 하는 것을 같아야 한다고 우기는 경우 오히려 문제가 생깁니다. 젊은 세대의 민족관과 역사관이 기성세대의 그것과 달라야 함을 알고 나면, 같아야 한다고 우기는 일이 없어지겠지요. 그럼으로써 두 세대 사이에 이해와 조화가 이루어질 수 있겠지요.

예를 들면 6·25전쟁을 체험한 기성세대에게는 민족의 다른 한쪽이 분명 총부리를 겨누고 싸운 적이었습니다. 그러나 전쟁을 경험하지 않은 젊은 세대에게는 적이 아니고 동족일 뿐입니다. 그리고 적이 아닌 동족으로 볼 때 평화통일·협상통일이 가능합니다. 기성세대가 젊은 세대에게 교육을 통해 민족의 다른 한쪽을 적으로 간주하라고 강요한다면, 그것은 역사의 흐름을 거스르는 일이라 하지 않을 수 없습니다. 민족상잔을 경험한 자신에게는 설령 적으로 보였다 해도, 그것을 경험하지 않은 젊은 세대에게는 적이 아닌 동족으로 보일 수밖에 없다는 사실을 기성세대가 아는 일이 중요합니다.

　지구상의 유일한 분단민족이요, 세계에서 마지막 남은 냉전지역이요, 동아시아의 화약고요, 전쟁위험이 가장 높은 곳의 하나로 간주되던 한반도가 이번 정상회담 성사로 그 오명을 씻고 평화적 통일을 전망할 수 있게 되었으며, 나아가서 동아시아의 평화 및 세계평화에 이바지하는 지역으로 변해 가려 하고 있습니다. 제 민족의 문제를 스스로 해결할 수 있을 때, 앞으로 우리 젊은이들이 국제무대에 나가서 떳떳하게 행동할 수 있을 것입니다. 제 민족의 문제를 스스로 해결하지 못하고 세계 평화주의자들의 웃음거리가 되면서, 국민소득 1만

달러면 무엇 하며 2만 달러인들 무엇 하겠습니까.

21세기를 살아갈 젊은이들에게 20세기적 민족인식 및 역사인식을 강조하지 않는 일, 전쟁통일이나 혁명통일이나 흡수통일을 지향하던 시대에 더 많이 살았던 사람의 대북인식이나 대남인식을 대등통일·협상통일을 지향하는 시대를 주로 살아야 할 사람들에게 강요하지 않는 일이 중요하다고 생각합니다. 그러기 위해 남을 가르치는 사람은 '일일신우일신'해야 함을 거듭 말씀드리고 싶습니다.

(2000. 6. 30)

평양방문기

지난 11월 28일부터 12월 5일까지 7박8일간 사회과학원 역사연구소 초청으로 두번째로 평양을 다녀왔다. 순안비행장에 다시 내렸을 때, 바로 이곳에서 대한민국 대통령이 총칼을 든 인민군의 사열을 받는 엄청난 현실을 입을 다물지 못한 채 바라보던 4개월 전의 기억이 생생하게 되살아났다.

고려호텔에서 하룻밤 자고 나니, 안내하는 사람들이 어려워하면서 호텔을 옮길 수 없겠느냐고 물어왔다. 이산가족 북쪽 면회자들이 이 호텔에 모이게 되어 복잡할 테니 조용한 보통강호텔로 옮기자는 것이었다. 사정이 그렇다면 협조하지 않을 수 없으려니와 보통강호텔 숙박비가 다소 헐하다는 말을 듣기도 해서 주저 없이 옮기기로 했다. 1층 로비로 내려갔더니, 과연 말쑥한 신사

복으로 차려입은 사람들이 웅성거리고 있었다. 그중의 한 사람에게
서울에서 왔음을 말하고 가족면회 때문에 왔느냐고 물었더니 스스
럼없이 대해 주었다.

내 개인의 이번 여행목적은 북쪽 역사학자들과 만나서 남북간의
역사학 교류문제를 의논하고 고적을 돌아보는 일이었다. 북측에다
미리 박시형·허종호·전형률 등 역사학자들을 만나고 싶다는 청을
했었다. 그러나 박시형 선생은 노환으로 기동을 할 수 없다 했고, 전
형률 선생은 4년 전에 작고했다고 했다. 그래서 현재 역사학회 회장
을 맡고 있는 허종호 선생과 전 사회과학원 근대사실장 이종현 선생,
현 근대사실장인 원종규 선생 등 세 분의 학자를 만날 수 있었다. 특
히 허종호 선생은 그의 학문적 업적이 남쪽에도 많이 알려진 학자인
데, 집필을 위해 다소 먼 곳에 가 있었으나 우리를 만나기 위해 일부
러 나왔다고 했다.

허종호 선생은 단군릉 발굴경위와 북녘 역사학회가 세계 4대 문명
발상지 외에 대동강문명을 넣어 5대 문명발상지로 선포했다는 사실
을 설명했고, 1960년대 남북 역사학계가 정열을 쏟은 자본주의 맹아

문제 등을 비롯한 북녘 역사학계의 최근 동향을 말해 주었다. 이에 대해 나도 남녘 학계의 최근 동향과 내 개인의 학문적 관심분야 등을 말해 주었다. 북녘 학자들과 대화하면서 남북 역사학계가 빨리 서로 가지지 못한 자료들을 교환해야 함을 절감하지 않을 수 없었다.

지난 6월 정상회담에 수행했을 때는 일정이 너무 꽉 짜여서 고적은 동명왕릉밖에 못 가봤다. 그러나 이번에는 평양시내의 역사기념관과 김규식·조소앙 등 독립운동가들이 묻힌 애국열사릉, 1948년 김구·김규식 등 남쪽에서 간 정치지도자들이 북쪽 지도자들과 남북협상을 했던 쑥섬에 세운 통일전선탑 등을 가보았고, 개성 및 묘향산도 가볼 수 있었다. 특히 개성은 서울을 떠나기 전에 미처 방문 대상지역에 넣지 못하고 평양에 가서 추가로 넣었기 때문에 북쪽 식으로 말해서 여행을 '조직'하기가 어려울 것 같았지만, 흔쾌히 추가시켜 주어 꼭 보고 싶었던 선죽교와 공민왕릉 등을 볼 수 있었다.

남북 경제협력도 물론 중요하지만, 민족적 동질성을 회복하기 위해 각 학문분야의 교류가 빨리 이루어져야 한다는 생각이 절실했다. 북녘의 어느 고위층과 만났을 때, 좀 이상적인 생각이지만 남북 정부

남북 경제협력도 물론 중요하지만, 민족적
동질성을 회복하기 위해 각 학문분야의 교류가 빨리
이루어져야 한다는 생각이 절실했다.

가 의논해서 비무장지대에 통일연구소 같은 것을 세우고 남과 북 그
리고 해외동포 학자들이 함께 통일에 관한 모든 것을 연구하게 했으
면 좋겠다고 말했더니 그는 "통일을 굉장히 멀리 잡는군요" 하고 말
했다.

　이 짧은 글에서는 길게 말할 수 없지만, 북녘은 왜 통일을 서두르
고 남녘은 왜 그것을 비교적 길게 잡는지, 그 이유를 알 것 같은 것이
이번 여행에서 얻은 중요한 성과라 생각되기도 한다. (2000. 12. 12)

북한학자들을 처음 만난 이야기

1994년 8월 2일부터 3일간 중국 상하이사범대학에서 동아연대성발전(東亞連帶性發展) 국제학술토론회가 열렸다. 2년 전 일본에서 열렸던 '제1차 세계대전 후 동아시아에서의 가능성'을 다루었던 제1차 대회에 이어 '제2차 세계대전 후 동아시아의 가능성'을 토론하기 위한 이번 제2차 학술회의에는 주최국 중국과 일본·러시아 학자들과 함께 남한학자 10명과 북한학자 5명이 참석했다.

2년 전 일본에서 열린 제1차 대회에도 북한학자들이 참석할 예정이었으나 결국 오지 않고, 대신 총련에서 사람이 나와 인사만 했었다. 이번에 열린 제2차 회의에도 김일성 주석의 급서(急逝)로 북한학자들이 참석하지 못하리라는 예상이 강했으나, 뜻밖에도 김주석 사망발표가 있은 불과 나흘 뒤에 일본 쪽을 통해 참석의사를 밝혀옴으로써 관계자들을 놀라게 했다.

30년간 대학선생 노릇을 하면서 국제학술회의라는 것에 더러 참가해 봤지만, 미리 허가를 받아야 하는 북한학자들과의 만남은 이번이 처음이었다. 남한 쪽 참가자 중 비교적 연장자에 속한다는 '책임감' 같은 것이 있어서, 떠나기 전부터 어떤 경우라도 외국학자들 앞에서 남북 학자가 다투는 일이 있어서는 안 된다는 생각을 가지고 있었다. 그러나 조문문제 등으로 남북관계가 날카로워진 상황이라 이런 생각이 얼마나 지켜질지 걱정되기도 했다.

우리 일행의 도착이 좀 늦어서 개회 만찬장에 들어가자 만찬은 이미 시작되어 있었다. 중국·일본·러시아 학자들이 호기심을 가지고 지켜보는 앞에서 생선 처음 김일성 배지를 단 북한학자들과 인사를 나누었다. 그러나 너무도 당연한 일이지만, 영어도 중국어도 일본어도 아닌 우리말로 여느 국내학자들과의 첫 대면처럼 다정하게 인사할 수 있었다.

남북의 주요 참석자들이 대부분 50대 이상의 지긋한 학자들이기

우리보다 먼저 떠나게 된 그들과의 이별장면을
잊을 수 없다. 서로 손잡고 혹은 포옹하면서 뜨거운
목소리로 "또 만납시다" 하고 인사했으나,

도 했지만, 학술회의가 진행되는 동안 남북 참석자들이 모두 남들 앞
에서 동족끼리 다투어서는 안 된다는 생각을 가진 점은 같았다. 남쪽
의 주체사상 비판에 북쪽이 강하게 역비판할 태세를 보였으나 역시
남들 앞에서 우리끼리 싸워서는 안 된다는 생각과 사전협의 때문에
가벼운 언급으로 넘어갈 수 있었고, 북쪽의 변함없는 지루한 논리전
개에도 남쪽 참석자들이 조용히 귀기울일 수 있었다.

　토론과정에서는 동아시아의 평화를 위해 일본의 군국주의 부활이
경고되고 경제적 성장에 따르는 중국의 패권주의가 논의되기도 했
으나, 역시 관심의 초점은 한반도의 평화적·자주적 통일 문제였다.
그리고 지난 반세기 동안 동아시아는 한반도의 분단을 희생으로 하
여 '냉전적 평화'를 유지했지만, 21세기의 동아시아는 한반도의 평화
적·자주적·대등적·호혜적 통일을 바탕으로 하여 진정한 의미의
평화가 수립되어야 한다는 점이 남북 학자들 공통의 논리였다고 할
수 있다.

　그러나 일본이나 중국 학자들이 동아시아의 평화를 위해 한반도
지역의 평화적 통일이 중요하다고 강조하면 할수록 통일문제를 스

다시 싸늘해져 가는 남북관계를 생각하면 언제 또
만날 수 있을지 아무도 장담할 수 없었다.

스로 해결하지 못하고 중국이나 일본이 걱정해 주어야 한다니 "너희
들 아직도 그 모양이냐" 하는 비아냥으로 들리고, 반세기가 되도록
분단상태에 있는 "너희들 정말 딱하다"는 동정으로 들리기도 하여
견디기 힘들었다. 모르긴 해도 북쪽 사람들 중에도 같은 느낌을 받은
사람이 반드시 있었을 것이다.

사흘간의 회의기간중 하루 저녁을 내어 남북에서 각각 준비한 술
로 회포를 푸는 자리를 마련했다. 김주석을 애도하는 마음으로 아직
은 노래를 부를 수 없다고 하던 그들도 남쪽 학자들이 그들도 알 만
한 〈반달〉 〈따오기〉 같은 옛 동요를 골라 부르자, 조용히 따라 불렀
다. 몇 년 전 텔레비전을 통해 본 남북 예술단 내왕공연 때와 같은 감
격은 아니었다 해도 '이렇게 되는 것이 바로 통일인데' 하는 생각이
절로 나면서 눈시울이 젖어듦은 어쩔 수 없었다.

회의를 끝내고 마지막 하루는 주최 쪽의 주선으로 소주(蘇州) 관
광을 했다. 그동안 서로가 꽤 친숙해져서 이 정도의 질문은 무난하리
라 생각하고 그중의 한 사람에게 앞으로 김일성 배지가 김정일 배지
로 바뀔 것인가를 물어봤다. "친애하는 김정일 동지께서 못 달게 할

지도 모르죠” 하는 대답이었다. 김일성체제와 김정일체제 사이의 차이점이 어떻게 나타날 것인가가 남쪽 학자들의 관심의 초점이었는데, 어쩌면 이 대답이 그것을 대신해 주고 있는지도 모르겠다는 생각이 들었다.

우리보다 먼저 떠나게 된 그들과의 이별장면을 잊을 수 없다. 서로 손잡고 혹은 포옹하면서 뜨거운 목소리로 “또 만납시다” 하고 인사했으나, 다시 싸늘해져 가는 남북관계를 생각하면 언제 또 만날 수 있을지 아무도 장담할 수 없었다.

처음 만나면서도 여러 번 만났던 일본이나 중국 학자들보다 너무도 친숙하게 느껴졌던 그들, 불편한 점은 없는지 혹시 여비는 넉넉한지 차마 물어보지 못하면서도 괜히 마음 쓰이던 그들, 나이 아래라고 알았을 때 곧 말을 놓고 싶어지던 그들을 다시 만날 기약을 할 수 없는 이 민족의 비극이 언제까지 계속될 것인지. 돌아오는 여정이 우울하기만 했다.

평양의 주선생님께

주선생님, 그동안 안녕하십니까. 두번째 만나보고 온 지 벌써 4개월이 지났군요. 6·15남북공동선언 발표가 어느새 1주년이 되었습니다. 그것을 기념해서 이번 논단은 주선생님과 함께했던 사업을 뒤돌아볼까 합니다. 앞으로 남북이 뜻을 모아 함께하는 일이 더 많아지고 또 모두 잘되기를 빌면서 말입니다.

남북정상회담의 수행원으로 처음 평양에 갔을 때는 직접 만날 기회가 없었습니다만, 그후 일제강점 자료전시회를 위해 평양에 두 번 갔을 때 북측 실무책임을 진 선생님과 자주 만났지요. 분단 반세기의 역사가 멍에처럼 지워져 있나 해도, 순안비행장까지 마중 나온 주선생님은 초면이면서도 구면처럼 편안하게 대할 수 있었습니다.

남북 학계가 협력해서 구체적인 자료를 전시함으

주선생님을 비롯한 북쪽 분들이 전시회를
원만히 치르기 위해 헌신하는 모습은 참으로
대단했습니다.

로써 일제의 강제점령 사실을 실증한 일은, 역사학계에 한정해서 보면 민족분단 이래 초유의 일이었다고 하겠습니다. 분단 50년이 넘어서 남북 학계가 평양에서 처음으로 함께 여는 전시회라 준비과정에 여러 가지 어려움이 있었습니다만, 그런데도 우리 사업은 생각보다 순조롭게 추진되었습니다.

50년 이상 떨어져 살았다 해도 어쩔 수 없는 동족임을 실감할 수 있어서 가슴 뿌듯했고, 남쪽 역사학자로서 처음 북쪽 청중 앞에서 강연한 것도 평생 잊지 못할 일이었습니다. 특히 인민대학습당 넓은 방에서 남북 역사학자들이 함께 일본교과서 왜곡을 소리 높여 규탄한 일은 지금 생각해도 속이 후련합니다.

꼭 말해 두고 싶은 일이 있습니다. 주선생님을 비롯한 북쪽 분들이 전시회를 원만히 치르기 위해 헌신하는 모습은 참으로 대단했습니다. 실무진은 밤을 새워가며 일했다고 들었는데, 정말 직무에 충실하고 책임감 강한 분들이더군요. 개인적·물질적 이익을 넘어 공동체 전체를 위해 충심으로 헌신하는 순수한 인간형을 발견할 수 있었습니다.

개인적·물질적 이익을 넘어 공동체
전체를 위해 충심으로 헌신하는 순수한 인간형을
발견할 수 있었습니다.

　　북쪽 노학자들이 자료검증에 골몰할 때, 남에서 간 우리는 고적과
박물관 관람기회를 조금이라도 더 가지려 애썼으니 미안한 일이었
습니다. 남쪽 사람으로서는 북에 갈 기회는 쉽지 않고, 그러면서도
보고 싶은 곳은 많으니 어쩌겠습니까.

　　앞으로 북의 고적을 남쪽 사람들이 볼 수 있는 기회가 더 열리기를
기대해 마지않습니다. 남쪽 젊은이들에게 찬란한 신라·백제 문화만
이 아니라 웅장한 고구려문화를 보여주어야 합니다. 남쪽 학생들이
평양을 고적답사하고, 북쪽 학생이 경주나 공주를 답사하는 날이 빨
리 와야 하겠습니다.

　　주선생님, 역사적 남북공동선언이 발표된 지 1주년이 된 지금 남·
북관계가 다소 소강상태라고 말들 하고 있습니다. 그리고 사람들은
그 원인이 미국 부시정권의 내조신 깅경정책에 있다고 말합니다
6·15공동선언의 정신을 살리기 위해 북은 대미관계와 대남관계를
분리할 수 있어야 하고, 남은 미국·일본과의 이른바 공조체제에서
서서히 자유스러워질 수 있어야 한다고 생각합니다.

　　김대통령의 평양방문이 제1차 남북정상회담이었던 것처럼 김정

일 위원장의 서울방문은 바로 제2차 남북정상회담 그것입니다. 제1
차 회담이 아무 전제조건 없이 남북 7천만 민족구성원과 세계인의
놀라움과 축복 속에 이루어진 것과 같이, 제2차 회담 역시 무엇에도
구애되지 말고 축제처럼 환희 속에서 이루어져야 할 것입니다. 그리
고 휴전조약이 평화조약으로 바뀔 수 있어야 하며, 경의선 연결공사
도 속도가 붙고 금강산 육로관광 길도 열려야 하겠지요.

　이야기가 좀 무거워졌나요. 허선생님, 리선생님, 원선생님 등 우리
가 만났던 그쪽 역사학자들에게 심심한 안부를 전합니다. 그리고 우
리를 안내했던 젊은이들이 생각납니다. 강한 책임감으로 제 직무에
헌신하는 믿음직한 일꾼들이었습니다. 그들에게도 감사와 함께 건
투를 빌어 마지않습니다.

　주선생님, 6·15공동선언 1주년 기념행사에 참가하러 금강산으로
가면서 2주년 기념행사는 평양이나 서울에서 아니면 비무장지대에
서 할 수 있었으면 하고 생각해 봅니다. 서울서도 한잔하자 한 우리
의 약속이 꼭 이루어지기를 빌면서 다시 만날 때까지 안녕히 계십시
오. (2001. 6. 15)

비전향 장기수 선생님들께

선생님들이 민족통일을 위해 몸바쳐 온 '역사'를 모은 책에 넣을 글을 쓰라는 청탁을 받고, 우선 평양 정상회담에 다녀온 이야기부터 시작하고 싶습니다. 선생님들에게는 죄송합니다만, 운좋게도 남북정상회담에 특별수행원 자격으로 2박3일 동안 평양을 다녀왔습니다. 지금도 그때를 생각하면 다시 감격하지 않을 수 없습니다만, 6월 14일 백화원 영빈관 만찬자리에서 남북 두 정상이 손을 맞잡아들고 "우리 합의했습니다" 하고 소리치던 그 엄청난 현장에 제가 있었습니다. 평생 잊을 수 없는 자리였습니다.

두 번 없을 역사의 현장에 남북을 동해서 역사학 전공자는 나 혼자만 참석했구나 생각하면서 남다른 감격을 맛보았습니다. 유일한 역사학 전공자로서 겪는 이 감격을 우리 역사 위에 어떻게 남길 수 있을까 하는 무거운 책임감을 느끼지 않을 수 없었습니다.

그러나 지금 이 글을 쓰면서 생각해 보니 선생님들과 같이 스스로 옳다고 생각한 역사관과 세계관과 민족관을 지키기 위해 0.75평 공간에서 30년, 40년을 지낸 분들이 있었음을 그때는 미처 떠올리지 못했습니다. 명색이 역사학 전공자라면서 말입니다.

그렇지만 평소에도 선생님들이야말로 분단의 장벽 속에 갇혔던 우리 현대사 그것이라고 생각해 왔습니다. 일본 제국주의의 강제지배에서 벗어나자마자 바로 민족이 분단되었고, 저 처절한 6·25전쟁에서 엄청난 희생을 바치고도 통일은 되지 않았습니다. 그후 반세기 동안 통일을 위해 바쳐진 희생은 또 얼마나 많습니까. 역사는 희생을 먹고 산다는 말이 있습니다만, 0.75평 공간에 갇혔던 선생님들의 30년, 40년도 통일의 역사 위에 새겨진 무엇으로도 대신할 수 없는 고귀한 희생 그것이었습니다. 그리고 유례를 찾기 어려운 인간승리 그것이었다고 감히 말할 수 있습니다. 그 이유를 말하겠습니다.

그 누구도 빼앗을 수 없는, 사람이 가진 고귀한 속성의 하나가 생각하고 말하는 자유, 즉 사상의 자유라 생각합니다. 역사시대 이래로

평생을 두고 역사를 공부하고 또 가르쳐오면서
다행히도 한 가지 터득한 일이 있습니다.
긴 안목으로 보면 역사는 기어이 가야 할 방향으로
가고 말며, 역사의 물결은 흘러야 할 만큼 흐르고
만다는 사실입니다.

역사발전 자체를 두려워하는 통치권력들이 생각하고 말하는 자유를
빼앗거나 압살하기 위해 온갖 횡포를 부려왔습니다만, 어느 전제군
주도 어느 독재자도 그것을 영원히 빼앗은 자는 없었습니다. 인간의
생각하고 말하는 자유 그것이야말로, 그리고 그것을 결코 포기하지
않으려는 인간의 양심과 의지와 신념이야말로, 바로 인류의 역사를
지금까지 끌고 온 원동력 그것이었습니다.

이데올로기니 주의니 하는 차원을 떠나서 말해도 좋습니다. 스스
로 옳다고 생각하는 세계관을 지키고 올바르다고 생각하는 역사 진
행방향에 동참하기 위해 평생을 기꺼이 바칠 수 있는 사람이라면, 그
러고도 후회하지 않는 인간일 수 있다면, 그것이 인간승리가 아니고
무엇이겠습니까. 물질적으로 다소 풍족해졌다 해서 개인주의와 찰
나적 향락주의가 만연하는 세상에 살면서도 세 신념을 간직하기 위
해 한평생을 0.75평 공간에 묻을 수 있었던 숭고하고도 희생적인 인
간형을 인류의 역사는 영원히 기억할 것입니다.

제 세계관을 지키기 위해 30년, 40년을 감옥 안에 있었던 사실 자
체도 역사 그것일 수밖에 없습니다만, 선생님들이 석방되고 이른바

장기수가 없어진 일이 곧 우리 역사가 발전하고 있는 큰 증거이기도
합니다.

평생을 두고 역사를 공부하고 또 가르쳐오면서 다행히도 한 가지
터득한 일이 있습니다. 긴 안목으로 보면 역사는 기어이 가야 할 방
향으로 가고 말며, 역사의 물결은 흘러야 할 만큼 흐르고 만다는 사
실입니다. 그렇지 않다면 역사라는 것이 있어야 할 이유가 없습니다.
역사는 결코 코에 걸면 코걸이 귀에 걸면 귀걸이가 아니니까요. 거듭
말하면 어떤 장애에도 불구하고 기어이 가야 할 방향으로 가고 말며,
가야 할 만큼 가게 마련이기 때문에 역사라는 것이 있는 것입니다.

30년, 40년을 0.75평 공간에 화석처럼 응고되었던 선생님들이 끝
까지 제 신념을 굽히지 않고도 자유의 몸이 되어 그리던 가족들에게
로 당당하게 돌아갈 수 있게 된 것은 무엇 때문이겠습니까. 꽁꽁 얼
어붙었던 것 같던 역사의 물줄기가 그 두터운 얼음장 밑에서도 정직
하게 그리고 줄기차게 흘러야 할 만큼 흐르면서 변화시켜야 할 것을
착실히 변화시키고 있었기 때문일 것입니다. 이같은 조그마한 학문
적 터득이 앞으로도 선생님들에게 다소 위안이 되기를 바라 마지않

습니다.

 '도서출판 창'으로부터 선생님들이 가족의 품으로 돌아가기 전에 그 처절하고 귀중하고 뜻깊은 '역사'들을 모아 한 권의 책으로 만들려 하니 무엇이건 한마디 써달라는 청탁을 받았습니다. 정상회담에 수행했던 구실을 다하기 위해 외국에 사는 동포들에게 통일문제를 강연해야 할 일정에 쫓기고 있었습니다만, 이 시대를 사는 우리 근·현대사 전공자의 의무 같은 것을 저버릴 수 없어서 청탁에 응하지 않을 수 없었습니다. 물론 선생님들의 엄청난 '역사'에 동참하는 영광도 분에 넘치는 일입니다.

 선생님들이 겪으신 일이나 가지신 생각을 자세히 술회하자면 한 분 한분이 모두 책 몇 권으로도 부족할 것입니다. 그리고 그것은 무엇에도 비길 수 없는 귀중한 우리 현대사의 자료가 될 것입니다. 그런 일을 생각하면서 훗날을 위한 선생님들의 회고록 녹음청취작업을 조금 거든 일이 있습니다. 북으로 가시는 분이건 남에 남는 분이건 우선 몇 분만이라도 또 간략하게나마 선생님들의 흔적을 남기기로 한 것은 대단히 잘한 일이라 생각합니다. 북으로 가시건 남에 남

민족통일사업을 위해 평생을 바치신
선생님들에게는 아직도 하실 일이 많습니다.
특히 남쪽 사정을 어느 정도 알고 북으로
가시는 선생님들이야말로 남북화합을 위한
중요한 '전도사'가 될 수 있을 것입니다.

으시건 사정이 허락하면 앞으로 선생님들의 '역사'를 마음껏 충분히 남길 수 있어야 하겠습니다. 훗날 통일이 되고 선생님들의 회고적 '역사'가 과학적·객관적 역사의 자료가 되는 날을 위해서 말입니다.

이번 정상회담에 수행하여 공동선언 발표를 보면서, 우리의 통일은 베트남 같은 전쟁통일도 독일 같은 흡수통일도 아닌 '협상통일'일 수밖에 없음을 확신했습니다. 협상통일에는 긴 시간과 끈질긴 인내와 대승적 양보가 불가결합니다. 우리 통일이 협상통일일 수밖에 없음을 한 사람에게라도 더 말해 주기 위해 밤낮을 가리지 않습니다. 어제는 서울시경찰국 산하 정보담당 경찰관들에게 우리 통일이 협상통일일 수밖에 없는 이유를 강연하면서 세상이 많이 바뀌고 있음을 실감했습니다.

제국주의가 판을 치고 냉전체제로 얼어붙었던 20세기는 가고, 인류사회 전체에 평화주의가 뿌리내리기를 기대하는 21세기가 되었습니다. 분단시대의 상징이었던 선생님들이 자유의 몸이 되어 가족에게로 돌아갈 수 있게 되었다는 사실이 역사의 변화와 세기의 바뀜을 실증해 주고 있습니다. 민족통일사업을 위해 평생을 바치신 선생님들에게는 아직도 하실 일이 많습니다. 특히 남쪽 사정을 어느 정도 알고 북으로 가시는 선생님들이야말로 남북화합을 위한 중요한 '전도사'가 될 수 있을 것입니다.

20세기 민족사의 상징인 선생님들이야말로 21세기의 새로운 역사를 여는 밑거름이 되는 것입니다. 한평생을 신념에 따라 역사 앞에 떳떳하게 사신 선생님들의 더 큰 역할과 행운과 만수무강을 빌면서 이만 줄입니다. (2000. 7. 29)

이산가족 만남을 보고

조선민주주의인민공화국 국기가 선명한 비행기가 대한민국 김포공항에 내리는 장면을 텔레비전으로 보고 세상 참 많이 변하는구나 하고 감탄해 마지않았다. 이산가족들이 만나 몸부림치며 우는 장면을 보고 한참 동안 따라 울 수밖에 없었다. 그러다가 우리가 왜 이렇게 되었는가 하고, 울컥 치미는 울분을 느끼지 않을 수 없었다.

이 비극의 뿌리는 물론 일본에게 강제지배당한 데서 시작되며, 우리 힘만으로 해방하지 못한 데 있다. 그렇지만 해방 3년 만에 남북 두 분단국가가 생길 때, 남은 남대로 북은 또 북대로 그 주민의 90몇 퍼센트인가가 찬성했다는 사실을 상기하지 않을 수 없다. 정치가들이야 설령 집권목적이 우선이었다 하더라도 두 분단국가의 성립을, 즉 민족분단을 적극 찬성한 우리 전체 민족구성원의 책임도 따져봐야 한다는 생각이 들었다. 지난날을 탓하기 위해서가 아니라 더 나아져야 할 앞날을 위해서다.

역사가 존재하는 이유의 하나는 잘못된 과거를 반성하는 데 있다. 1948년 남북협상에 갔다 온 백범 김구가 남북에 분단국가가 성립되면 반드시 동족상잔이 뒤따를 것이라 예언했고, 그 예언은 불행하게도 적중했다. 지금 저렇게 통한으로 몸부림치며 울부짖고 있는 이산가족들은 바로 그 분단과 동족상잔의 산물이다. 북은 북대로 남은 남대로 각기 제 정당성과 정통성을 주장하면서 한치의 양보나 타협 없이 민족분단의 길로 가고 만 결과, 그 처절한 전쟁을 겪고도 반세기 이상 분단상태가 계속되고 있으며, 극동의 화약고로 불리고 지구상에서 가장 전쟁위험이 높은 곳의 하나로 지목되면서, 1천만 명이나 된다는 이산가족과 실향민을 만들어놓은 것이나.

전체 민족적 처지에 서지 못하고 현실적 이익과 지역적·정치적·계급적 이해관계에만 얽매여 분단과 대결과 전쟁과 이별을 자초했다가, 반세기 이상 엄청난 희생을 바치고 나서야 이제 겨우 타협과 협상으로 민족문제를 풀어가야 함을 알게 되었고, 그 결과 어머니가 아

민족분단 과정에 적극 찬성하고 동족상잔 전쟁에도
별수 없이 따라나섬으로써 혈육과 이별하고,
이제 그 가족과 만나는 기회가 주어지면 얼싸안고
울 줄밖에 모르는,

들을, 남편이 아내를, 형이 아우를 50년 만에 만나는 울음바다를 이
루었다. 15년 전에도 한번 이같은 울음바다가 있었지만, 정치적 상
황의 요구에 따라 그 감격은 또 씻은 듯이 냉각되고 말았다. 50년 전
분단국가들의 성립으로 비극의 씨앗이 뿌려질 때도 남북 주민들은
적극 찬성하면서 따랐고, 15년 전에 처음 있었던 이산가족 면회가
한번으로 끝나도 남북 주민들은 그대로 따를 뿐이었다.

  누가 민족을 분단시켰고 누가 동족이 상잔하게 했는가를 따지는
것도 물론 중요하나, 그 엄청난 비극이 연출되도록 그대로 따라간 남
북 주민들의 낮은 역사의식과 약한 정치적 처지도 딱하다 하지 않을
수 없다. 2000년 8월 15일의 두번째 이산가족 면회가 또다시 눈물바
다를 이루었지만, 앞으로 정치적 상황의 변화에 따라, 특히 남쪽의
경우 정권교체 여하에 따라서는 이 눈물바다가 다시 말라버릴 가능
성이 없지도 않다. 그 경우도 몸부림치던 이산가족들과 그것을 보고
눈물로 감격해하던 사람들은 또 통치자들의 처분만 기다리고 따라
야 할 것인지 생각해 봐야 한다.

  민족이 화해하고 이산가족이 자유롭게 만나는 일이 바람직한 것

또 그 장면을 보고 감격해할 줄밖에 모르는
그런 민족이라면, 21세기 무한경쟁의 시대에는
살아남기 어려울 것이다.

이라 생각한다면, 어떻게 해야 그렇게 될 수 있는가를, 어떻게 해야
그것이 단절되지 않고 지속되게 할 수 있는가를 민족구성원 한사람
한사람이 생각하고 실천하는 일이 중요하다.

민족분단 과정에 적극 찬성하고 동족상잔 전쟁에도 별수 없이 따
라나섬으로써 혈육과 이별하고, 이제 그 가족과 만나는 기회가 주어
지면 얼싸안고 울 줄밖에 모르는, 또 그 장면을 보고 감격해할 줄밖
에 모르는 그런 민족이라면, 21세기 무한경쟁의 시대에는 살아남기
어려울 것이다.

가족을 만나는 기쁨이 크면 클수록 또 그것을 바라보는 감격이 더
하면 더할수록, 어떻게 해야 그 기쁨과 감격을 지속시킬 수 있는가를
적극적으로 생각해야 한다. 면회소를 두어 만나고 싶을 때 만나게 하
는 것이 당장의 해결책이 될 수 있겠고, 원하는 사람은 같이 함께 살
수 있게 해야겠지만, 다시는 그런 일을 당하지 않기 위해 남북 민족
구성원 한사람 한사람이 무엇을 어떻게 해야 하는가를 옳게 터득하
고, 그것을 하나하나 실천하는 일만이 이산가족 문제의 궁극적 해결
책이다. (2000. 8. 18)

열 번이라도 가보고 싶은 금강산

지금부터 꼭 10년 전에 처음 중국에 가서 만리장성과 중국 쪽 백두산을 보고 난 후 옛 중국사람들도 보기를 소원했다는 금강산에는 언제나 갈 수 있을까 하고 안타까워했는데, 그후 백두산은 두 번이나 더 갔으면서도 금강산에는 갈 수 없었다. 그런데 복이 터져서 올해 들어서 2월과 4월에 두 번씩이나 금강산을 다녀왔으니 큰 소원을 하나 더 이룬 셈이다.

금강산은 봄철 이름이고 여름철은 봉래산, 가을철은 풍악산, 겨울에는 개골산이라 했는데, 얼음으로 덮인 구룡폭포를 보고 온 두 달 후에 다시 가서 진달래가 핀 괴면암을 보았으니 개골산과 금강산은 봤고, 이제 봉래산과 풍악산 구경만 남은 셈이다. 북쪽 안내자의 말이 금강산은 가을 풍악산일 때가 제일 좋다 했다. 가을쯤에 한번 더 갈 수 있었으면 하는 생각이 간절하다.

산을 좋아해서 남쪽의 산은 소금강이라 이름붙은 산들을 포함해서 거의 다 가보았지만, 금강산은 듣던 말 그대로 정말 굉장한 산이었다. 금강산 전체를 보려면 40코스가 넘는다고 들었는데 겨우 두 코스를 가보았을 뿐이지만, 이름으로만 듣던 삼선암·괴면암·만물상·천선대·망양대 그리고 옥류동·구룡폭포·상팔담 등을 볼 때마다 "아! 좋구나" 하는 말이 절로 나왔다.

남쪽에도 설악산의 공룡능선과 같이 부분적으로는 기암절벽이 절경을 이룬 곳이 더러 있다. 그러나 금강산은 산 전체가 거의 기암절벽으로 된 것처럼 보일 정도다. 불과 두 코스밖에 못 가보고 할 말은 아니지만 산 전체의 규모도 생각보다 큰 것 같았다. 아직 못 본 곳곳에도 절경이 많을 것 같지만, 지금 우리가 갈 수 있는 곳 중에서는 특히 유리같이 맑은 물이 깊이에 따라 빛이 다른 여덟 개의 담(潭)을 지나 구룡폭포로 떨어지는 모습을 한눈에 볼 수 있는 상팔담과 선녀들이 놀았다는 천선대에서 바라보는 만물상은 절경 중의 절경이었다.

금강산관광도 물론 좋지만 지금 남쪽 사람들의 금강산행은 단순한 관광여행이 아니라 통일의 길을 넓히는 일이다. 분단 반세기가 넘도록 북쪽 땅을 밟아본 사람은 통일문제를 다루러 다니는 일부 정치인이나 관료들 그리고 특정한 경제인과 그들이 고용한 몇몇 사람에 지나지 않았다. 그러나 지금은 금강산관광으로 남쪽의 서민들 약 700~800명이 매일 북쪽 땅을 밟고 있다. 지난 2월 금강산관광으로 평생 처음 북쪽 땅을 밟은 순간의 감회는 무어라 형언할 수 없었다.

이제 곧 관광선이 한 척 더 늘어난다고 들었는데, 그렇게 되면 매일 남쪽 사람 1천 명 이상이 북쪽 땅을 밟게 된다. 그들 한사람 한사람이 마치 훈훈한 지열이 피어오르면서 전신을 감싸는 것 같은, 그래서 신발을 벗어던지고 맨발로 밟아보고 싶은 충동을 느끼게 될 것이다. 그리고 제한된 숫자이긴 하지만, 안내원 등 수십 명의 북쪽 사람들과 자연스럽게 만나서 별 서슴 없이 몇 마디 인사말이라도 나눌 수 있게 되는 것이다.

우리는 지금 남북을 막론하고 무력통일은 물론 흡수통일도 안 하겠다고 선언했고, 그래서 남북합의서가 교환되었다. 흡수통일을 안

하겠다는 것은 곧 통일을 화해와 타협으로 하겠다는 말이 되는데, 화해와 타협 통일에는 무엇보다도 남북의 사람, 특히 서민들이 서로 만나 마음을 터놓는 일이 중요하다. 남쪽 서민들이 금강산을 가듯이 북쪽 서민들이 남쪽의 고적이나 명승지를 볼 수 있으면 얼마나 좋을까. 남쪽 불교단체가 북쪽 신자들을 초청해서 석굴암이라도 볼 수 있게 하는 일이 머지않았을지도 모른다.

금강산 관광객들은 점심을 각자 들고 간 도시락으로 해결하게 되어 있다. 만물상 올라가는 입구에 넓은 쉼터가 있어서, 함께 온 가족이나 일행들이 자리를 깔고 점심을 먹게 마련이다. 일찍 점심을 먹고, 젊지만 미혼은 아닌 것 같은 북쪽 여자안내인에게 남쪽 사람들을 대하면서 특히 다르게 느껴지는 게 무엇이냐고 물어봤다.

어린아이도 있는 젊은 부부가 점심 먹을 자리를 잡는데 아내가 남편을 보고 "여보, 여기가 좋겠다" 하면 남편은 "그래그래" 했다가 아내가 또 다른 곳을 가리키면서 "여기가 더 좋겠다" 하면 남편은 또 "그래그래" 하며 따라가는 것이 우스웠다고 했다.

아마 남쪽의 젊은 아내가 남편에게 친구처럼 말을 놓는 것도, 또 아내가 좋다는 대로 '줏대 없이' "그래그래" 하며 따라가는 남편의 태도도 북쪽 사람으로서는 이상하게 보였던 것 같다. 그러나 분단 반세기 동안 그렇게 서로 다르게 되었다는 사실을 알게 되는 일이 중요하다는 생각이 들었다.

말을 붙인 김에 남쪽 관광객의 하는 짓이 얄밉게 보이는 일은 없느냐고 물었더니, 쓰레기를 담은 비닐봉지를 돌 밑이나 나무둥치 밑에 숨겨두는 일이 얄밉다고 했다. 남쪽에서 하던 짓을 북쪽에 와서도 하는구나 싶어서 화가 났지만, 그래도 전체적으로 보면 남쪽 관광객의 금강산관광은 합격점이라고 생각되었다. 그동안 약 6만 명이 다녀갔는데, 사소한 문제야 있었겠지만 큰 사고가 없었다는 것이 그 증거이기도 하다.

흐르는 물을 어디에서도 그대로 떠마실 수 있을 만큼, 담배꽁초 하나 종잇조각 한 장 떨어져 있지 않을 정도로 금강산은 정말 깨끗하게 보존되어 있다.

남쪽 관광객들은 긴 산행에서도 침 한번 함부로 뱉을 수 없고, 지정된 위생실(화장실)이 아니면 절대로 용변을 볼 수 없다. 오염을 막기 위해 까다로운 규정을 정해 놓기도 했지만, 산이 원체 깨끗해서 감히 종잇조각 하나 담배꽁초 하나를 함부로 버릴 마음이 생기지 않게 되어 있기도 하다. 남쪽 사람들이 금강산관광에서 지킨 규정들을 남쪽 산행에서 그대로 지킬 수만 있다면, 환경문제 해결이 이렇게 어려운 시기에 금강산관광의 의미는 더 커질 것이다.

사정만 허락하면 열번 스무번이라도 금강산을 가볼 생각이다. 그 아름답고 깨끗한 산을 구석구석 다 보고 싶고, 몇 마디만 주고받으면 이웃 같고 형제 같은 북쪽 안내원들을 한 사람이라도 더 만나보고 싶고, 큰돈은 아니지만 내가 내는 입산료가 북쪽 동포들에게 도움이 되게 하고 싶고, 그래서 통일의 길이 조금이라도 넓어지는 데 도움이 되고 싶기 때문이다. (1999. 5. 9)

한반도 통일과 체제문제

2000년 6월 평양의 남북정상회담에 민간단체의 대표로 참가한 후 지난 2년간 경향각지를 다니면서 통일문제 강연을 많이 했다. 특히 중·고등학교에서 통일문제를 강의하는 교사들의 요청이 많았다. 남북 두 정상이 손을 맞잡고 웃으면서 "우리 [6·15]공동선언에 합의했습니다" 하는 장면을 텔레비전으로 본 학생들에게, 그전에 만들어진 교과서대로 통일문제를 가르치면 모두 웃게 마련이고, 그렇다고 해서 어떻게 새롭게 가르쳐야 할지 모르겠으니 대강의 방향만이라도 말해 달라는 요청이 많았기 때문이다.

강연을 하면서, 6·15공동선언은 우리식 통일방법이라 할 협상통일의 시작이라 말하고, 왜 우리의 통일방법은 전쟁도 흡수도 아닌 협상에 의한 방법일 수밖에 없는가를 자세히 풀어서 말해 주고 나면, 많이 나오는 질문 중의 하나가 통일과 체제 문제이다. 전쟁통일은 베트남의 경우와 같이 이긴 쪽 체제가 패배한 쪽에 적용되게 마련이며, 독일과 같은 흡수통일의 경우도 흡수한 쪽 체제가 흡수당한 쪽에 적용되게 마련이었다.

그런데 한반도의 경우 남북이 모두 전쟁통일은 말할 것 없고 흡수통일도 하지 않겠다 하고, 정상회담과 같은 협상을 통해 통일해 가겠다 하니, 그런 방법으로 남쪽의 자본주의 체제와 북쪽의 사회주의 체제 중 어느 체제로 통일할 수 있을 것인가 하는 질문이 나오는 것은 당연하다 하겠다. 이 질문에 대해서는 대체로 두 가지 방향을 들어 대답해 왔는데, 옳은 대답이 되었는지 점검도 할 겸 글로 만들어보려 한다.

첫째, 분단되어 있는 한반도의 남쪽에서는 대체로 1국가1체제가 되어야 통일되는 것이라 보고, 당연히 남쪽의 자본주의 체제로 통일하려 한다 해도 틀린 말은 아닐 것이다. 그러나 북쪽에서는 1국가2체제 통일을 지향하고 있다. 그것이 연방제통일안인데, 남쪽 정부와 자본주의 체제를, 북쪽 정부와 사회주의 체제를 그대로 유지한 채 그

한반도 통일문제를 다루면서 통일 후의
체제를 자본주의 체제로 할 것이냐 사회주의
체제로 할 것이냐 하고 걱정하는 것은,

위에 군사권과 외교권만을 관장하는 하나의 국가를 두는 통일방법
이다.

남쪽 사직당국은 북이 제시한 1국가2체제 연방제통일안을 남쪽
까지 사회주의화하려는 통일전선전술이라 보고 있다. 연방제안이
적화통일안인가, 사회주의 체제를 유지하면서 통일하려는 방안인
가 하는 문제는 각자의 판단에 맡기기로 하더라도, 전쟁통일이나
흡수통일이 아니고 평화적으로 또 협상을 통해 통일하는 경우, 곧바
로 1국가1체제로 통일되기 어렵다는 사실을 먼저 인식하는 일이 중
요하다.

전쟁이나 흡수가 아닌 협상의 방법으로 통일하는 경우, 1국가2체
제를 통일의 완성단계로 보는 경우도 있을 수 있고, 통일의 중간단계
로서 1국가2체제로 갔다가 1국가1체제로 가는 통일이 될 수도 있겠
는데, 협상통일의 경우 반드시 그 앞단계로서의 평화정착 과정이 필
요하다.

따라서 평화가 상당히 정착되고 난 후, 1국가1체제로 할 것인가 1
국가2체제로 할 것인가를 논의해도 늦지 않다고 생각한다. 1체제로

분명 20세기적 역사인식 즉 자본주의와
사회주의가 대립·항쟁하던 시대의 역사인식에
한정된 것이라 하지 않을 수 없다.

통일할 것인가 2체제로 할 것인가 하는 문제에 걸려서, 철도를 연결하고 육로관광 길을 열고 휴전협정을 평화협정으로 바꾸고 감군(減軍)을 하는 등의 평화정착 사업마저 지체되어서는 안 될 것이다.

둘째, 지난 20세기 세계사는 분명 자본주의 체제와 사회주의 체제가 대립하고 항쟁한 시대였다. 그러나 20세기를 넘기기 전에 사회주의 종주국 소련이 해체되고 사회주의권 대부분이 무너지거나 크게 변질하고 있다. 그래서 어떤 사람은 21세기는 사회주의가 완전히 소멸되고, 자본주의 체제가 어떤 도전도 없이 독주하는 시대가 되리라 말하기도 한다. 그런가 하면 미국의 저명한 사회학자 월러스틴 같은 사람은 사회주의 체제가 약화됨에 따라 자본주의 체제가 독선적으로 되면서 신자유주의로 가고 있는데, 이같이 방자해져 가는 자본주의 체제는 결코 21세기 전반기를 넘기지 못할 것이라고 진단하기도 한다.

하나의 체제가 영원히 간다는 것은 물론 어불성설이고, 어느 하나의 체제가 단독으로 한 세기를 지배하기도 어려운 시대가 되었다. 20세기를 넘기는 과정에서 나타난 세기말적 혼돈현상이 극복되고, 21

세기 세계체제가 자리잡기까지는 상당한 시간이 필요할 것이다. 그런 조건 아래서 한반도 통일문제를 다루면서 통일 후의 체제를 자본주의 체제로 할 것이냐 사회주의 체제로 할 것이냐 하고 걱정하는 것은, 분명 20세기적 역사인식 즉 자본주의와 사회주의가 대립·항쟁하던 시대의 역사인식에 한정된 것이라 하지 않을 수 없다.

21세기의 세계체제가 어떻게 형성될지 아직 아무도 속단할 수 없다. 그러나 한 가지 분명히 말할 수 있는 것은, 21세기 세계체제가 어떻게 형성되건 그것은 20세기보다는 민주주의가 질적으로 더 발달한 체제가 될 것이라는 점이다. 민주주의 이해에 더러 혼돈이 있는 것 같다. 일본계 미국인 후쿠야마가 말하는 역사의 종언은 헤겔시대적 민주주의, 즉 자본주의 체제에 한정된 민주주의를 곧 역사의 종점 혹은 이상으로 본 것이지, 정치·경제·사회·문화 면에서 20세기적 자본주의 체제를 넘어선 민주주의까지를 말하는 것은 아니라 생각된다. 20세기 민주주의와 21세기 민주주의가 질적으로 다를 것임은 말할 나위가 없다.

21세기 세계체제가 어떻게 형성될지 아직 불분명한 상황에서 20

세기적 역사인식에 한정되어, 21세기의 과제인 통일 후 체제를 자본
주의로 할 것인가 사회주의로 할 것인가 하는 문제에 걸려 협상통일
의 필수 전제조건인 평화정착 사업조차 제대로 할 수 없다면, 그것은
분명 어리석은 일이 아닐 수 없다. (2002. 10. 10)

한·미·일 공조와 평화통일

제2차 세계대전 후 한반도가 남북으로 분단되면서 동아시아에는 흔히 공조체제로 표현되는 한·미·일 동맹체제와 조·중·소 동맹체제가 대립되었고, 그 결과 한반도의 분단상태가 지속되었다. 그후 중소분쟁이 일어남으로써 조·중·소 공조체제가 흔들렸다가 소련이 붕괴함으로써 그것이 무너지고, 말하자면 조·중 공조체제만이 유지되었다고 할 수 있다.

그런 한편 한·미·일 공조체제는 반세기가 넘도록 굳게 지속되고 있다. 동아시아의 국제 역관계상 앞으로 한·미·일 공조체제가 더 굳어지면 자연 조·중·소 대신 조·중·러 공조체제가 다시 성립될 가능성이 없지 않다.

과거 한·미·일 공조체제와 조·중·소 공조체제의 대립은 이데올로기 면에서 자본주의 체제와 사회주의 체제의 대립이었다. 지금은 냉전체제가 해소됨으로써 이데올로기 대립이 무너졌고, 그 때문에 한·미·일 공조체제가 굳어져도 조·중·러 공조체제가 성립될 가능성은 적다고 보는 견해도 있을 수 있겠으나 반드시 그런 것은 아니다.

한반도는 그 형세가 동아시아에서 중국·러시아 등 대륙세력권과 일본·미국 등 해양세력권 사이에 놓인 다리처럼 되어 있다. 그런 한반도가 대륙세력권에 포함되면 해양 쪽이 위협받는다 했고, 반대로 해양세력권에 포함되었을 때는 실제로 그 세력이 대륙을 침략하는 발판이 되기도 했다. 이데올로기 대립이 있기 이전의 청일전쟁이나 러일전쟁은 그 때문에 일어난 전쟁들이었다고 할 수 있으며, '만주사변'이나 중일전쟁도 같은 맥락에서 원인을 찾을 수 있다.

또 얼마 전에는 사회주의 체제를 포기한 러시아의 대통령이 역사상 처음으로 사회주의 체제를 고수하고 있는 평양을 다녀갔고, 역시 사회주의 체제를 유지하는 중국과 그것을 포기한 러시아의 관계가 좋아지고 있다. 이같은 일들은 이데올로기 문제와는 상관없이, 한·미·일 공조체제의 강화에 맞서서 조·중·러 공조체제가 성립될 가능성을

남쪽에서 걸을 수 있는 평화통일의 길은
한·미·일 공조체제를 유지하되
그것을 점차 약화시키면서 남북공조를
강화해 가는 길이며,

보여주는 것이라 할 수도 있다.

　그런 조건 때문에 6·25전쟁 결과에서 볼 수 있듯이, 분단된 한반도가 해양세력권에 들어가는 통일도 또 대륙세력권에 들어가는 통일도 불가능함을 알 수 있다. 결국 어느 세력권에도 들어가지 않고 두 세력권 사이에서 제3의 위치를 확보하면서 통일되는 길이 가장 바람직하다고 할 수 있다. 제국주의가 청산되어 가고 평화주의가 지향되어 가는 21세기에는, 한반도와 같이 양대 세력 속에 끼인 지역이라 해도 제국주의 시대의 산물인 영세국외중립과 같은 방법이 아니면서 제3의 위치를 확보하는 길이 가능하다고 할 수 있다.

　한·미·일 공조체제의 강화가 조·중·러 공조체제를 다시 성립케 할 가능성이 있다 해도, 긴 세월을 두고 정치·군사·경제적으로 밀착되어 온 한·미·일 공조체제를 당장 변화시키기 어려운 것이 사실이다. 그런데 한·미·일 공조체제가 굳어지면 질수록 평화통일도 어려워진다. 그리고 이것은 조·중·러 공조체제가 다시 성립되고 강화되면 평화통일이 어렵게 되는 일과 조금도 다르지 않다.

　따라서 남쪽에서 걸을 수 있는 평화통일의 길은 한·미·일 공조

북쪽에서 걸을 수 있는 평화통일의
길은 조·중·러 공조체제를 성립시키지 않고
남북공조를 강화하는 길이라 할 수 있다.

체제를 유지하되 그것을 점차 약화시키면서 남북공조를 강화해 가
는 길이며, 북쪽에서 걸을 수 있는 평화통일의 길은 조·중·러 공조
체제를 성립시키지 않고 남북공조를 강화하는 길이라 할 수 있다. 현
명하게 그리고 조심스럽게 걸어야 하는 어려운 길이지만, 그것은 걸
을 수밖에 없는 평화통일의 길이다.

임기가 얼마 남지 않은 김대중정부는 6·15공동선언을 성사시킴
으로써 남북화해의 길을 열어놓았다. 우리 통일의 역사 위에 큰 디딤
돌을 놓은 것이다. 다음을 이을 노무현정부는 이제 그 디딤돌을 딛고
남북공조를 강화하는 정부가 되어야 할 것이다. 그리고 남북공조의
첫째 과제는 한반도에서 다시는 전쟁이 일어나지 않을 만큼 평화를
정착시키는 일이며, 둘째 과제는 둘로 나뉘어 있는 나라를 하나로 만
드는 일이다. (2003. 2. 19)

'북핵'과 어느 아버지와 아들

지난 2월 하순에 네번째 평양을 다녀왔다. 가는 횟수가 늘다 보니 그쪽의 대남 평화사업 관계자들과도 어느 정도 친숙해져서, 사석에서는 전에는 할 수 없었던 이야기들도 더러 할 수 있었다. 미국의 이라크침공을 전망하면서 침공 후의 조·미 관계에 이야기가 미쳤을 때, 그들의 어투가 전보다도 더 자신에 차 있고 또 강경해진 것을 느낄 수 있었다. 물론 그때는 핵무기를 가졌다고는 말하지 않았지만.

베이징 3자회담에서 북한대표가 핵무기를 가졌음을 밝혔다는 사실이 요즈음의 톱뉴스가 되고 있다. 금년 들어서 미국이 북한의 핵무기 보유를 인정하는 정책으로 돌아선다는 전망들이 있었고, 또 최근에는 북한의 대표적 핵물리학자가 미국으로 망명했다는 설도 있었다.

따라서 미국은 이미 '북핵'에 대한 상당한 정보를 가지고 있었고, 그것이 북한의 핵무기 보유 발표 배경이 된 것이 아닌가 생각되기도 한다. 어떻든 북한이 핵무기를 가진 것이 사실이라면, 미국은 말할 것 없고 일본·중국의 전략에도 큰 영향을 미치리라 쉽게 예측할 수 있다.

그렇다면 남한은 어떤가. 북한이 핵무기를 가져도 남한에 위협을 주려는 것은 아니라고 말하기도 했고, 좀 오래된 일이지만 일본에 대항하기 위해 남북한이 함께 핵무기를 개발하는 줄거리의 소설이 나와서 화제가 되기도 했다. 지금 남한에서는 특히 16대 대통령선거 이후 국내문제나 대북 인식 면에서 어느 때보다도 세대간 차이를 크게 보이고 있는데, '북핵'문제도 그 가장 예민한 문제의 하나임을 보여주는 이야기를 하나 해볼까 한다.

어느 자리에서 동년배 늙은이가 심각한 얼굴이 되어 의견인가 조언인가를 구해 온 일이 있었다. 30대의 아들과 어쩌다가 '북핵'문제를 두고 대화를 하게 되었다고 한다. 아들의 말인즉슨 중국도 핵무기를 가졌고 일본은 가지려고만 하면 곧바로 가질 수 있다는데, 남한은

인류를 멸망케 할 수 있는 무서운 핵무기를
지구상에서 완전히 없앰으로써 인류사회를 멸망의
위험에서 구하는 올바른 길은

박정희정권 말기에 경험한 것처럼 미국의 방해 때문에 못 가지지만 북한만이라도 가져야 하지 않겠는가 했다는 것이다. 그 말을 듣고, 아버지는 너무 놀라서 한동안 말을 못했다고 한다.

아버지는 북한이 핵무기를 가지면 그 첫 공격대상이 남한일 것 같고 그래서 두렵기 짝이 없는데, 아들의 생각은 남한은 외세의 간섭으로 못 가진다 해도 대신 북한이라도 핵무기를 가져야 하지 않느냐는 것이니 아버지로서는 그야말로 경천동지할 일이 아닐 수 없었던 것 같다. 같은 시대에 같은 땅에 살고 있는 아들이 '북핵'문제에 대해서 왜 이렇게 전혀 다른 생각을 가지게 되었는가를, 같이 늙어가는 역사학 전공자 친구에게 그 아버지가 묻는 것이다.

대답은 그다지 어렵지 않았다. 간단히 말하면 늙은 아버지는 북한을 적으로 생각하고 젊은 아들은 동족으로 생각하는 데서 생긴 차이이다. 6·25 동족상잔을 겪은 세대인 아버지는 아직도 북한을 적으로, 미국을 혈맹의 우방으로 생각하는 데 반해 동족상잔을 직접 경험하지 않은 세대인 그 아들은 반공·반북 교육을 받았음에도 어느새 북한을 적이 아닌 동족으로, 미국을 혈맹의 우방이라기보다는 일본

작은 나라들이 자위책으로 몇 개 가지려는 것을
막는 데 있기보다, 이미 많이 가진 큰 나라부터
핵무기를 없애는 데 있다.

이나 중국과 다르지 않는 하나의 외국으로 생각하게 된 결과라 할 것
이다.

다른 나라들이 핵무기를 가져도 북한만은 가져서는 안 된다고 생
각하는 아버지와 지구상에서 핵무기가 없어지지 않는 한, 또 주변나
라들이 그것을 가졌는데도 남한은 못 가진다면, 북한만이라도 가져
야 한다고 생각하는 아들 사이의 생각차이를 어떻게 풀어야 할 것인
가가 어려운 문제다. 비단 핵문제뿐만 아니라 남북문제·민족문제
전체를 두고 나타나고 있는 이른바 세대차이, 보·혁 갈등 등과 함께
지금의 우리 민족사회 전체가 당면한 어려운 문제가 바로 그것이다.

그 문제는 역시 북한을 적으로 볼 것인가 동족으로 볼 것인가, 투
쟁과 대립과 극복의 대상으로 볼 것인가 화해하고 협력해야 할 대상
으로 볼 것인가, 전쟁통일이나 흡수통일을 통해 없애야 할 대상으로
볼 것인가 공존·공영과 평화통일의 대상으로 볼 것인가 하는 문제
와 직결되어 있다.

그리고 세계사적으로나 민족사적으로 제국주의 전쟁과 동서냉전
이 판을 쳤던 20세기와 달리, 21세기에는 전체 인류사회의 평화의지

가 한층 더 높아져 가고 있다는 점, 지난 세기가 민족국가의 벽을 높이면서 침략과 전쟁과 대립을 거듭하던 시대였다면 지금의 세기는 민족국가의 벽을 낮추고 지역공동체를 이루면서 화해·협력·공존·평화를 지향하는 시대라는 점 등이 생각되어야 한다.

북한을 적으로밖에 생각할 수 없는 아버지는 지난 20세기의 분단시대적 인간형이고, 북한을 동족으로 생각하는 아들이야말로 앞으로 21세기의 민족문제·남북문제를 담당해서 풀어가야 할 인간형이라 하지 않을 수 없다. 앞으로 누구의 생각이 더 많이 적용되겠으며, 또 되어야 하겠는가를 생각해 보면 그 대답은 자명해진다.

그건 그렇다 하고, 인류를 멸망시킬 수 있는 가공할 핵무기는 물론 어느 누구도 가지지 않아야 한다. 그러나 인류사회는 불행하게도 제2차 세계대전을 통해 핵무기를 가지게 되었고, 지금에는 8개 국가인가가 핵보유국으로 인정되어 있다. 그리고 핵확산금지조약에 가입한 나머지 국가들은 앞으로도 가지지 못하게 하고 있다.

그러나 인류를 멸망케 할 수 있는 무서운 핵무기를 지구상에서 완전히 없앰으로써 인류사회를 멸망의 위험에서 구하는 올바른 길은 작은 나라들이 자위책으로 몇 개 가지려는 것을 막는 데 있기보다, 이미 많이 가진 큰 나라부터 핵무기를 없애는 데 있다.

핵무기를 많이 가지면 오히려 문제가 안 되고 한두 개 가지려는 경우만 문제되거나 나아가서 강대국의 일방적 공격대상이 된다면, 그야말로 힘이 정의인 야만의 시대가 되지 않을 수 없다. 그리고 초대강국 미국에 대해 이해할 수 없는 점은 테러에 대한 보복에만 혈안이 되어 있지 테러를 당하게 된 원인에 대해서는 전혀 생각하지 않는다는 점이다. 세계평화를 지키는 진정한 길은 강대국의 패권주의가 강행되는 데 있는 것이 아니라, 모든 국가의 자결권이 존중되는 데 있다.

패권주의는 약육강식하는 제국주의의 연장이다. 북한이 핵무기를 가지지 않게 하는 길은 남한과 미국을 비롯한 전체 세계가 그 체제를 인정하고 보장하는 데 있다. 그리고 대량살상무기로서의 핵무기를 가진 나라 모두가 반평화주의 국가 및 비문명 국가로 취급될 때 비로소 진정한 의미의 세계평화가 정착될 수 있을 것이다. (2003. 5. 2)

통일민족주의를 위하여|통일의 역사는 전진하고 있다

한반도 통일의 불가피성이란|대등통일이 진정한 평화통일

21세기와 국민국가와 민족통일|1948년 남북협상은 평화통일운동

금강산 관광사업은 평화통일 사업|남북 문화교류 어떻게 할 것인가

5. 통일의 역사는 전진하고 있다

우리는 한심한 민족인가 | 이제 우리 민족문제는 우리 힘으로

통일 '언제쯤' 에서 '어떻게' 로 | 신의주특구는 통일실험장인가

미국, 언제까지… | 한반도 통일과 미국

통일민족주의를 위하여

인류의 근·현대사에서 민족주의만큼 여러 가지 뜻으로 쓰인 말도 많지 않지만, 그럼에도 몇 가지 전형적 경우를 들어볼 수 있다. 우선, 일부 제국주의 국가의 집권세력들이 민족주의라는 이름으로 제 국민을 억압하고 다른 민족을 침략한 경우와, 그 침략을 받은 지역에서 민족주의라는 이름으로 대항하면서 민족을 단합시키고 독립투쟁을 전개한 경우가 있다.

다음으로, 제2차 세계대전이 끝난 후 제국주의 국가들이 가졌던 식민지가 대부분 해방되어 독립함으로써 식민잔재를 청산하고 정치·경제적 자주성을 지키기 위해 민족주의를 내세운 경우가 있었는가 하면, 과거의 식민모국들을 중심으로 하는 강대국들이 특히 경제적 지배를 목적으로 하는 신식민주의를 채택하자 신생 민족국가들이 그것에 대응하여 경제적 민족주의를 강화한 경우 등이 있었다.

한반도의 경우 근대로 오면서 국민주권주의 민족국가를 성립시키지 못한 채 식민지로 전락했고, 그 때문에 민족해방은 곧 국민주권주의 민족국가 수립을 위한 또 하나의 혁명이어야 했다. 그러나 불행하게도 해방은 분단과 함께 왔고, 그 때문에 남북에 두 개의 국민주권주의 국가가 성립되었을 뿐, 식민지배에서 해방된 민족사회가 일반적으로 지향하던 민족주의를 지도원리로 하는 단일 민족국가 건설에는 실패했다. 분단시대 반세기를 통해서 남북 분단국들은 그 지도원리를 민족주의 혹은 사회주의라 내세웠으나, 사실 그것은 분단국가주의였다고 할 수밖에 없다.

이들 분단국가 권력들은 각기 역사적 정통성을 내세우면서 제 권력의 최고성 및 절대성을 주장해 왔다. 하나의 민족사회 안에서 대립해 있는 두 분단국가 권력들이 각기 배타적으로 상대방의 역사적 정당성 및 정통성을 부인하고 제 권력의 최고성 및 절대성만을 주장하는 경우, 그러면서도 또 통일은 지향해 마지않는 경우, 그 방법은 베트남식 전쟁통일 아니면 독일식 흡수통일일 수밖에 없었다. 그러나

민족통일을 위한 이데올로기로서 지금까지
잘못 이용되어 온 분단국가주의에서 벗어나서
통일민족주의로 나아가는 일이 불가피하다.

세계사의 흐름은, 그리고 한반도의 지정학적 위치 문제는 그곳에서
전쟁이나 흡수 방법에 의한 통일을 불가능하게 했고, 앞으로도 그럴
것 같은 전망이다.

한편 세계사적으로는 20세기를 넘기는 과정에서 지난 3～4세기
이상 국민국가 및 민족국가의 권력이 계속 강화되어 오기만 하면서
그것에서 파생되는 횡포, 즉 국가의 이름으로 침략전쟁을 일으켜 국
민들을 강제로 전쟁터로 몰아넣거나 침략전쟁 수행을 위해 과도한
세금을 강탈해 가거나, 국경의 벽을 높이 쌓고 지구단위 거주이동의
자유를 통제하는 그런 횡포에 대한 반발이 일부 생겨나기 시작했으
며, 그것은 곧 국민국가의 권력을 일부 제약하면서 대신 지역공동체
를 발달시키려는 방향으로 나아가고 있는 것도 사실이다.

세기가 바뀌는 과정에서 나타나고 있는 이같은 세계사적 변화에
충분히 공감하면서도, 전쟁이나 혁명이나 흡수에 의한 통일이 아닌
협상·화해·대등 통일을 지향하고 있는 한반도 주민들에게는 민족
통일을 위한 이데올로기로서 지금까지 잘못 이용되어 온 분단국가
주의에서 벗어나서 통일민족주의로 나아가는 일이 불가피하다고 생

각한다. 민족통일과 같은 역사적 대과업은 단순한 현실적 이해관계만으로는 달성되기 어렵다고 생각되기 때문이다.

민족과는 상관없이 한반도에 사는 각 개인이 정치·경제·사회·문화적으로 한층 더 자유롭고 고루 풍요롭게 살기 위해 통일해야 한다는 현실적 요구가 중요하기도 하다. 그러나 통일의 필요성이 같은 지역에 사는 개인들의 요구나 필요뿐만 아니라, 하나의 단위민족으로 통일됨으로써 민족구성원 사이의 대립과 분쟁을 해결하여 동아시아 및 세계 평화에 공헌하고 그 고유문화를 유지·발전시켜 세계문화의 다양한 발전에 이바지함으로써 이 지구상에 있는 수많은 민족사회의 일원으로 그 존재이유를 확실히 하기 위한 데 있다면, 그 지도원리로서의 민족주의가 요구되며 그것은 분단국가주의를 넘어선 통일민족주의라고 말할 수 있다.

한반도 지역이 통일민족주의를 이데올로기로 하여 통일이 된 후, 20세기까지와 같은 민족국가 사이의 대립과 침략이 없어지고, 통일된 한반도 지역이 타민족사회의 침략을 받지 않는 한 한민족이 타민족사회를 침략할 이유가 없을 것이며, 그런 경우 우리 민족사회라 하여 구태여 민족주의를 지도원리로 가질 이유는 없을 것이다. 그런 상황에서는 정치·경제·사회·문화적 민주주의의 발전이 그 지도원리가 될 것이다.

통일의 역사는 전진하고 있다

6·25전쟁이 한창일 때 대구에 피란해 있던 대학의 사학과에 입학했다. 부산이나 진해 등지로 피란한 교수님들이 많아서, 복잡하고 불편한 기차를 타고 대구까지 와서 강의를 하셔야 했으니 강의가 제대로 될 수 없었다. 교재가 없어서 교수님들이 노트에 작성한 강의안을 불러주면 학생들이 한 시간 내내 받아쓰는 그런 강의가 대부분이었다. 잘 알지 못하면서도 역사학이란 학문에 굉장한 기대를 가지고 입학했는데, 어느 선생님은 복잡한 기차 안에서 강의노트를 잃어버려 다시 작성할 때까지 근 한 달 동안 휴강하지 않을 수 없는 경우도 있었으니, 대학생활에 기대가 컸던 만큼 실망도 컸던 기억이 지금도 생생하다.

그런 대학생활 중에서도 잊혀지지 않는 것은 어느 강의에서 들은 말인지 정확하게 기억하지 못하지만, "세상에 설령 아무것도 믿을 것이 없다 해도 오직 한 가지 믿어도 좋은 것이 있다. 그것은 역사는 한자리에 서 있지 않고 반드시 변하고 만다는 사실이다. 역사는 변하게 마련이기 때문에 역사학이 성립하고 또 존재할 수 있는 것이다"라는 내용이었다.

웬일인지 이 말은 역사학을 연구하고 가르치면서 밥을 먹고 살게 된 평생을 두고 잊을 수 없는 말이 되었다. 역사는 반드시 변하고 만다는 믿음 같은 것이 없었다면, 30년 동안이나 지속된 저 군사독재 정권 아래서의 그 어려웠던 세월을 양심에 크게 가책받는 일 하지 않고 살기 어려웠을 것이다.

해방 후 50여 년을 두고 얼었다 녹았다를 거듭하는 남북관계가 6·15남북공동선언 발표를 계기로, 또 하나의 큰 해빙기에 들어간 것 같다. 급격한 해빙분위기에 어리둥절하면서 이러다가 혹시 북쪽에 말려들지나 않을까, 이러다가 다시 냉각기로 되돌아갈지 누가 아는가 하고 내심 걱정하는 경우도 없지 않으리라고 생각한다. 물론 남북관계가 다시 냉각될 수도 있겠지만, 설령 그렇게 된다 해도 이번 해빙이 저번 해빙 때와 다른 것처럼 그것은 이전 냉각기와는 다르게 마련이다.

되돌아보면 6·25전쟁으로 꽁꽁 얼어붙었던 남북관계가 4·19가 터지면서 크게 해빙될 것 같았다. 그러나 4·19 주체세력이 아니면서 정권을 쥔 장면정부가 남북관계 해빙을 위한 뚜렷한 방안을 가지지 못한 채 우왕좌왕하는 틈을 타서 5·16쿠데타가 일어났고 남북관계는 다시 엄혹한 냉각기로 들어갔다. 7·4공동성명은 또다시 해빙기를 열어갈 것 같은 희망을 주었으나, '유신'체제로 가기 위한 정략적 의미가 큰 것이었다. 김영삼 문민정부가 들어서서 정상회담이 합의됨으로써 다시 해빙기로 들어갈 것 같았으나, 한쪽 정상의 사망과 민족문제 해결을 위한 '철학' 부재에서 온 조문문제 등으로 다시 냉각기로 들어갔다.

이번에 성사된 남북정상회담은 서해안에서 무력충돌이 있어도 동해안으로 관광선을 올려보내면서 대북 화해정책을 적극적으로 펴온 김대중정부와, 권력이 안정되고 경제가 최악의 상태에서 벗어난 김정일정부의 합작품이라 할 수 있다. 그리고 어쩌면 민족문제를 평화적이고 호혜적으로 풀어가야 한다는 '철학'을 두 정상이 함께 가졌기 때문이라 할 수 있다.

이것은 이승만 독재정권이 무너져서 폭발한 4·19 후의 해빙과도 다르고, 미·소와 미·중 화해정책에 밀리고 국내정치의 돌파구를 위해 취해진 7·4공동성명 때의 해빙과도 다르며, 급박한 전쟁위험에 몰리면서 외세의 중재에 의해 이루어진 1994년 정상회담 합의 때의 해빙과도 다르다.

이번 해빙기는 급박한 전쟁위험이 없는 상태에서 외세의 중재 없이도 민족문제를 협상에 의해 풀어가려는 남북 두 정상의 뚜렷한 '철학'을 바탕으로 하여 이루어진 해빙기라 할 수 있다. 우리 통일의 역사가 냉각기와 해빙기를 거듭해 왔지만, 뒤의 냉각기는 앞의 냉각기와 질적으로 달랐고, 마찬가지로 뒤에 온 해빙기는 앞의 해빙기와 역시 달랐다.

왜 그런가 하면 역사는 반복하지 않으면서도 쉼없이 변하기 때문이다. 그리고 그 변화해 가는 큰길은 결국 인간을 한층 더 자유롭고 고루 잘살고 평등하게 하는 길이다. 역사가 끊임없이 변한다는 사실, 그러면서도 큰 눈으로 보면 일정한 방향을 가지고 변한다는 사실을

"세상에 설령 아무것도 믿을 것이 없다 해도
오직 한 가지 믿어도 좋은 것이 있다. 그것은 역사는
한자리에 서 있지 않고 반드시 변하고 만다는
사실이다. 역사는 변하게 마련이기 때문에 역사학이
성립하고 또 존재할 수 있는 것이다."

알게 되면, 설령 해빙기 뒤에 일시적 냉각기가 온다 해도 그 때문에
제 역사관을 바꾸지는 않는다. (2000. 8. 19)

한반도 통일의 불가피성이란

민족이 분단된 지 어언 반세기가 넘었다. 남북 전체 약 7천만 인구 중 분단되기 전에 살아본 사람보다 분단 후의 한반도에서만 살아온 사람이 훨씬 많아졌다.

국토와 민족이 분단된 당초에는, 그리고 6·25전쟁으로 남북이 원수가 된 당시에는 조금이라도 민족문제를 걱정하는 사람이라면, 수천 년간 함께 살아온 같은 민족이 이렇게 나누어지고 원수가 되어 과연 그대로 살아갈 수 있을까 하고 걱정하기도 했다. 그러나 분단된 지 반세기가 넘은 지금도 남북을 막론하고 사람들은 그대로 살아가고 있으며 인구도 증가했다. 게다가 북쪽은 당장 좀 어렵지만, 남쪽은 살기가 많이 나아졌다고들 한다.

같은 민족이 두 개 이상의 국가를 이루어 사는

경우도 많은데, 우리도 이제는 통일하려고 애쓸 것 없이 나뉜 채로 사는 것이 좋겠다고 생각하는 사람들이 나올 법하게도 되었다. 정직하게 말하면 그런 사람이 전혀 없는 것도 아니다. 그러나 한 가지 신통한 것은, 분단되기 이전 시대에 살아본 사람은 말할 것 없고 그렇지 않은 젊은 층에도 통일을 해야 한다는 사람이 그럴 필요 없다는 사람보다 훨씬 많다는 점이다.

남북을 막론하고 또 너와 나를 막론하고 한반도 주민들은 모두 통일에 신들린 사람들이 되었다고 해도 괜찮지 않을까 한다. 그리고 그 통일도 1950년대에 남북에서 각각 한 차례씩 시도했다가 실패한 무력통일이 아니라, 평화통일을 염원하고 있는 것이다. 좀 새삼스러운 일이긴 하지만, 한반도 주민들은 왜 모두 '통일귀신'이 들렸는가 생각해 볼 만도 하다.

단군의 자손까지 올라갈 것은 없다 해도 수천 년 동안 같이 살아온 같은 민족이니까 통일해야 한다는 대답이 먼저 나올 법하다. 우리 사회에서는 아직도 동족이니까 통일해서 살아야 한다는 말이 통하고 있으며, 또 교육도 그렇게 하고 있다. 그러나 같은 민족이 다른 나라를 이루어 사는 것이 전혀 이상스럽지 않은 시대이기도 하고, 또 우리 민족이면서도 실제로 미국 국민이나 중국 국민이 되어 사는 사람이 많은 시대이기도 하다.

따라서 핏줄기를 같이한 동족이니까, 또 오랫동안 하나의 지배기구 아래서 같이 살아왔으니까 통일을 해서 살아야 한다는 식의 교육이 통하지 않을 때가 곧 오지 않겠는가 생각해 볼 만하다. 핏줄기와 역사도 중요하지만, 이제는 더 현실적이고 구체적인 이해관계를 말하면서 통일의 불가피성을 설명할 수 있어야 설득이 가능하지 않을까 생각하는 것이다.

흔히 21세기의 세계는 무한경쟁의 시대가 되리라 말한다. 그리고 20세기 후반기와 같은 미국과 소련의 대결구도 시대는 지나갔다. 대신 엄청난 저력으로 국력이 급성장함으로써 21세기에는 세계 최대 강국의 하나가 되리라 전망하는 중국과, 최상급 경제대국에서 바야흐로 군사대국으로 변모해 가고 있는 일본이 직접 대결하는 구도로 변해 갈 가능성이 많다고들 말한다.

그런데도 그 사이에 끼여 있는 한반도는 아직도 분단된 채로 있다.

뿐만 아니라 그 북쪽은 소련이 해체되고 동유럽 사회주의권이 무너진 후 정치·경제적으로 더욱더 중국에 가까워질 수밖에 없게 되어가고 있으며, 그 남쪽은 또 1965년 한일협정 체결 이후 정치·경제·문화적으로 일본과 깊이 유착되어 있다. 남한 자본주의가 엄청난 무역적자를 지고도 꼼짝할 수 없는 처지가 된 지 오래다.

21세기의 동아시아가 한반도의 남반부 및 일본을 포함하는 하나의 세력권과 한반도 북반부 및 중국을 포함하는 또 하나의 세력권으로 나누어져 대립하는 경우, 지난 세기의 청일전쟁 전이나 러일전쟁 전과 같이 평화롭기 어려워질 뿐 아니라 한반도가 통일되기도 어려울 것이다. 그 북반부는 어쩔 수 없이 중국 쪽에 부속되고 그 남반부는 또 일본 쪽에 부속될 수밖에 없지 않을까 걱정이다.

우리 역사책에서는 제대로 말하지 않고 있지만, 지난날 청일전쟁을 피하기 위해 한반도를 한강선으로 분단하여 그 북반부는 청국세력권에 두고 그 남반부는 일본세력권에 두자는 의견이 있었다. 그리고 러일전쟁을 피하기 위해 한반도를 38도선으로 분단하여 그 북반부는 러시아세력권에 두고 남반부는 일본세력권에 두자는 안이 제

기되기도 했다.

그러나 일본이 청일전쟁과 러일전쟁을 도발했고, 그 결과 한반도는 일본의 식민지가 되었다. 1945년 해방될 때는 전승국 미국과 소련의 동아시아에서의 세력균형을 위해 한반도가 기어이 분단되기도 했다.

21세기로 들어서면서 동아시아 주변세력들의 이해관계에서만 보면, 중국과 일본 사이의 세력균형을 위해 한반도의 분단상태가 계속 유지될 수도 있을 것이다. 이 경우 앞에서 말한 것처럼 그 북반부는 정치·경제적으로 중국에 부속되는 지역으로 되고, 남반부는 일본에 부속되는 지역으로 되어버릴 수도 있을 것이다. 이 불행한 상황을 막기 위한 대안으로서의 한반도 통일문제가 설명되어야 하지 않을까 생각한다. 좀더 구체적으로 말해 보자.

첫째 한반도 북반부 및 중국을 포함하는 하나의 세력권과 그 남반부 및 일본을 포함하는 또 하나의 세력권이 나뉘어 대립함으로써 동아시아가 평화롭지 못하게 되는 상황을 막기 위한 차원에서의 통일의 불가피성이나, 둘째 한반도가 식민지가 되고 또 분단되었던 역사

대신 통일되어 중국과 일본 사이에서 제3의 세력으로 위치함으로써 중국과 일본의 대립을 중화 내지 완충시키고 동아시아의 평화를 담보하는 차원에서의 통일의 불가피성이나, 셋째 한반도 주민들이 남북으로 나누어진 채 각각 중국과 일본에 정치·경제·문화적으로 부속되어 새로운 형태의 예속민이 되는 것을 막기 위한 방편으로서의 통일의 불가피성 같은 것이 설명되어야 하지 않을까 하는 것이다.

혹시 중국과 일본이 청일전쟁이나 중일전쟁 때처럼 대립하지 않고 유럽공동체나 북미공동체를 본떠서 한반도 지역을 포함한 동아시아공동체 같은 것을 만들게 된다 해도, 한반도 지역이 분단된 상태로서는 불가능할 것이다. 동아시아공동체를 형성하기 위한 전제조건으로서의 한반도 통일의 불가피성까지 더해진다면, 한반도 평화통일의 불가피성은 한층 더 확실해질 것이다.

따라서 한반도 주민들이나 분단국가들은 말할 것 없고, 주변의 어느 국가나 국민들도 그것을 저지하거나 방해할 어떤 명분도 가질 수 없게 될 것이다. (2000. 11. 9)

대등통일이 진정한 평화통일

6·25전쟁의 시대였다고 할 수 있는 50년대만 해도 이승만 독재정권은 평화통일론 자체를 이적론(利敵論)으로 간주하면서 용납하지 않았다. 진보당 당수 조봉암이 평화통일을 주장했다가 간첩으로 몰려 사형당한 사실을 우리는 알고 있다. 60년대로 들어서면서 4·19 후 평화통일운동이 급격히 활성화됐으나 5·16쿠데타로 좌절되었다. 70년대 초에는 세계정세의 변화에 따라 남북 정부당국이 처음으로 합의한 평화통일론으로서의 7·4공동성명이 나왔다가 휴지화되다시피 했으나, 이후 평화통일론이 차차 정착함으로써 지금은 상식이 되었다.

그러나 유럽에서 독일통일이 실현되면서 평화통일론에도 다시 생각해야 할 문제가 생겼다. 평화통일은 무력을 쓰지 않고 통일하는 것이라고 일단 말할 수 있으나, 독일처럼 무력을 쓰지 않고 이른바 흡수통일을 하는 것도 진정한 의미의 평화통일인가 하는 문제가 있다. 정치·경제·사회·문화 등의 체제가 전혀 다른 두 개의 분단국가 중의 하나가 설령 무력을 쓰지 않았다 해도 다른 체제를 완전히 없애버리고 제 체제로 흡수했을 때, 그것도 옳은 뜻에서의 평화통일인가 하는 문제인 것이다.

그것은 옳은 의미의 평화통일이라 할 수 없을 것 같다. 무력을 쓰지 않고 통일한다 해도 한쪽의 체제가 완전히 없어져 버리는 통일, 흡수당한 쪽 사람들의 처지와 생활이 흡수한 쪽 사람들의 그것과 상당 기간 열악한 상태로 차별되는 그런 통일은, 결국 정복의 변형이라 할지언정 진정한 평화통일이라 할 수 없을 것이다.

그렇다면 진정한 평화통일이란 무엇인가. 두 분단국가의 대등(對等)통일이야말로 옳은 뜻에서의 평화통일이라 할 수 있다. 체제가 서로 다른 두 개의 분단국가가 철저하게 대등한 처지에서 서로 상대방의 체제를 인정하고 상당 기간 그 체제들을 유지하면서 서서히 차근차근 통일해 가는 것이 대등통일 방법이라 할 수 있다.

독일은 흡수통일이 됨으로써 많은 후유증을 남겼지만, 우리는 그것을 타산지석으로 삼아서 다행히도 남북 분단국가가 모두 독일식 흡수통일을 부인하고 대등통일을 할 것을 약속했다. 1992년에 남북 정부의 총리들 사이에 이루어진 '남북 사이의 화해와 불가침 및 교류·협력에 관한 합의서' 교환이 그것이다. 독일의 경우처럼 남북 분단국가의 어느 한쪽이 다른 쪽을 흡수통일하겠다고 했다면, 이 합의서는 교환되지 못했을 것이 당연하다. 제 국가와 체제를 송두리째 흡수해 버리겠다는 상대방과 합의서를 교환할 만큼 어리석거나 살신성인하는 권력은 있을 수 없기 때문이다.

문제는 대등통일할 것을 합의해 놓고도 여전히 흡수통일을 기도하는 세력이 있다는 점에 있다. 남북합의서가 교환된 후 남쪽에는 30년 만에 문민정권이 들어섰고, 그 정권과 북쪽 정권 사이에 정상회담이 합의됨으로써 한때 전체 민족구성원을 들뜨게 했으나 불행하게도 한쪽 정상이 갑자기 죽음으로써 무산되었다. 죽지 않았으면 대통령과 무릎을 맞대고 회담을 했을 상대방 정상이 죽으니까 하루아침에 다시 옛날 식의 '6·25 원흉'으로 되돌아갔고, 조문문제로 옥신각

남쪽의 일부 세력이 기대하는 것처럼 북쪽이
동독처럼 갑자기 무너지는 경우, 일본자본과 같은
외채도입 없이 남쪽이 그 뒷감당을 할 수 있는가
하는 심각한 문제도 있다.

신하다가 그 후유증으로 남북관계는 군사정권 때보다 더 얼어붙고
말았다.

북쪽에 엄청난 수재가 나서 온 세상이 도와주려 하지만 동족인 남
쪽은 북쪽이 굴복해 오기를 기다리면서 원조에 대단히 인색하고, 미
국이 제의한 4자회담안에 맡겨버리거나 아니면 북쪽이 무너지도록
기다리는 것이 통일정책의 전부인 것처럼 되어버렸다. 서로가 상당
기간 상대방 체제의 존속을 인정하면서 단계적으로 차근차근 통일
하자는 합의서를 교환해 놓고도 상대방이 무너지기를 기다린다면
그것은 약속위반일 수밖에 없다.

북쪽이 갑자기 무너질 것인가, 결코 그렇지 않을 것인가는 적어도
지금의 시점에서는 아무도 예측할 수 없다. 그러면서도 남쪽의 일부
세력이 기대하는 것처럼 북쪽이 동독처럼 갑자기 무너지는 경우, 일
본자본과 같은 외채도입 없이 남쪽이 그 뒷감당을 할 수 있는가 하는
심각한 문제도 있다.

거듭 말하지만 북쪽이 무너져서 통일되는 것은 옳은 의미의 평화
통일이 아니다. 절대로 무너져서는 안 된다고 생각하지만, 설령 무너

지는 경우가 있다 해도 그후의 통일과정은 반드시 대등통일의 정신과 방법에 의해 진행되어야 한다.

특히 전쟁을 겪은 우리 민족의 통일과정이 한쪽이 무너지고 다른 한쪽이 우위(優位)에 서서 추진되는 경우, 통일이라기보다 정복이 될 가능성이 전쟁을 겪지 않은 독일의 경우보다 훨씬 커질 것이다. 그 결과는 통일당하는 쪽의 불만과 반발을 불러일으켜, 통일이 아니라 파탄이 될 수도 있을 것이다. 어느 한쪽이 무너지건 그렇지 않건, 우리의 통일과정은 반드시 남북합의서의 정신에 따라 대등통일이 되어야 함을 강조하지 않을 수 없다. (1996. 9. 12)

21세기와 국민국가와 민족통일

세계사에서 국민국가가 성립된 것은 대체로 말해서 300~400년 전부터였고 자본주의 시대가 되면서부터였다. 서양의 경우 중세시대의 모든 사람은 교회에 속했고 근대의 모든 사람은 국가에 속한다는 말이 있듯이, 국민국가 권력은 그 영토 안에 있는 국민 한사람 한사람을 철저히 파악하고 법으로 보호하는 한편, 납세·병역 등의 의무를 강제로 부과했다. 세계사가 자본주의 시대로 들어와서 국민국가 시대가 되면서 국경의 벽이 두텁고도 높아졌으며, 또 민족주의가 발달하고 그것이 제국주의로 되면서 국민국가 사이의 전쟁이 잦아졌다.

근대 이후의 모든 사람은 국가의 보호를 받기도 했지만, 국민국가 권력에 의한 피해 또한 매우 컸다. 국민국가의 권력을 장악한 일부 정치인이

나 자산계급, 군벌 들이 제 욕심을 채우기 위해 많은 서민대중을 국
가의 이름으로 전쟁터로 내몰았고, 국경의 벽을 높이 쌓은 채 외국인
의 출입을 통제함으로써 인간의 자유, 특히 지구단위의 거주·이동
의 자유를 제한했다.

이 때문에 교통·통신의 발달로 지구촌이란 말이 쓰이게 된 지금
에도, 그 북촌에서는 핵무기를 비롯한 각종 무기제조에 엄청난 자금
이 투입되는 동안 그 남촌에서는 해마다 수십만 명의 어린이가 굶어
죽어 가는 비인간적인 일들이 벌어지고 있다.

20세기를 넘기는 시점에서 인류사회는 이같은 국민국가의 '횡포'
에 대해 염증을 느끼기 시작했다고도 할 수 있다. 300~400년 동안
강화되기만 했던 국민국가의 권력이 약해질 것이며, 또 높아지기만
했던 국경의 벽이 낮아질 것이라는 전망들이 나오고 있다. 이미 국민
국가의 울타리를 넘어 지역공동체가 생겨나고 있으며, 20세기만 해
도 그 전반기에 비해 후반기에는 제가 태어난 곳이 아닌 다른 땅에서
사는 인구가 급격히 증가하고 있다. 삶의 조건이 나쁜 지역 사람들이
더 나은 지역으로 대거 옮겨 삶으로써 지구단위의 거주·이동의 자

유가 그만큼 확대된 것이다.

물론 21세기에도 국민국가의 권력이 갑자기 약해지지는 않을 터이다. 그러나 제국주의가 난무하고 그 때문에 두 번에 걸친 처절한 세계대전을 겪은 후에도 이른바 냉전체제가 계속되었던 20세기까지의 국민국가와 21세기의 국민국가는 달라질 수밖에 없을 것이다. 20세기는 국민국가를 중심으로 제국주의 체제와 냉전체제가 지속된 세기였으나, 21세기 들어서면서 세계사에서 20세기 전반기적 식민주의가 먼저 청산되었고 20세기 후반기적 냉전체제도 청산되었기 때문이다.

역사가들은 21세기는 국민국가의 존재가 약해지는 대신, 소수민족사회 및 지역사회의 힘이 점점 커지는 세기가 되리라고 내다보는 경우가 많다. 역사가 진전될수록 인권이 발달하게 마련이고, 그럴수록 국권은 제약되게 마련이다.

이제 어쩔 수 없이 21세기로 넘겨진 한반도의 통일문제도 이같은 세계사의 변화와 관련지어 생각하지 않을 수 없다. 한반도의 남북에 현존하는 두 개의 국가를 베트남식 전쟁방법도, 독일식 흡수방법도 아닌 평화적 방법으로 통일하기란 결코 쉬운 일이 아니다. 남북에 실존하는 두 개의 국가권력을 20세기적 국가 개념을 바탕으로 하여 평화롭게 하나로 통일하기란 현실적으로 불가능하다는 말이 옳을지도 모른다. 한반도의 비흡수 평화통일을 위해서는 20세기까지의 제국주의 전쟁 등에 대비한 중앙집권성이 강한 국민국가적 개념에서 벗어나서 새로운 개념을 세우지 않을 수 없을 것이다.

비흡수 평화통일론에 따르면, 현재의 1민족·2국가·2정부·2체제 상태를 1민족·1국가·2정부·2체제로 가져가는 것이 통일의 일차적 과정이라 할 수 있다. 이 경우 1국가는 20세기까지의 중앙집권성이 강한 국민국가와는 다를 것이다. 그 밑에 있는 두 개의 정부보다 오히려 통치권력 행사가 훨씬 느슨한 국가가 될 수밖에 없을 것이며, 두 개의 각기 다른 정부와 그 정부가 가진 체제를 느슨하게 얽은 위에 선 국가가 될 수밖에 없을 것이다. 이같은 새로운 21세기적 국가상을 이해할 때, 비로소 비흡수 평화통일이 쉽게 다가올 수 있을 것이다. (2000. 1. 19)

1948년 남북협상은 평화통일운동

올해는 백범 김구와 우사 김규식 등이 평양에 가서 남북협상을 한 지 50주년 되는 해이다. 그런데도 이후의 역사왜곡 때문에, 이 남북협상이 가진 민족사적 의미가 무엇인가를 옳게 아는 사람이 많지 않은 세상이 되어버렸다.

더욱 딱한 일은, 이후 남한에 들어선 정권마다 거의 대한민국 임시정부의 법통을 계승한다 하면서도, 그 임시정부 정·부 주석이었던 백범과 우사 등이 민족분단을 막으려는 충정으로 만난(萬難)을 무릅쓰고 참가했던 남북협상의 진의에 대해서는 전혀 모른 척하는 것이다.

백범과 우사는 중국에서 독립운동할 때 이미 민족혁명당 김원봉 등과 함께 임시정부를 좌우합작 정부로 만들었다. 또 일본 제국주의의 패망으로 결실을 보지는 못했지만, 임정은 해방 직전에도 중국공산당 지역인 연안에 있는 조선독립동맹 쪽에 국무위원 장건상을 보내 합작에 합의한 바 있었다.

　이런 경험을 가지고 귀국한 백범과 우사는, 한반도 문제를 넘겨받은 유엔이 결국 "가능한 지역만의 선거"를 결정하고 남한 단독선거를 실시하자, 온갖 반대와 비난과 신변의 위험까지도 무릅쓰고 민족분단을 막으려는 일념으로 북행길에 올랐다.

　평양의 남북협상에서 백범과 우사는 김일성·김두봉을 비롯한 북쪽 지도자들과 협상하여, 미·소 양군 즉시철수, 외국군 철수 후의 민족내전 부인, 전조선정치회의 구성과 총선거 실시 및 정부수립, 남한 단독선거 반대 등에 합의했다.

　협상결과를 현실화하는 데는 미·소 양군 철수가 선결문제였으므로, 협상파들은 양군 사령관에게 대표를 보내 철수할 것을 요구했다. 이에 대해 소련군사령부는 미군과 함께 철수하겠다 하고 미군사령부는 유엔 결정에 따라 남한에 정부를 수립한 후 철군하겠다 함으로써, 분단국가 성립을 저지하고 통일국가를 건설하려던 노력은 일단 무위로 끝나버렸다.

'해방공간'의 평화적 통일민족국가 수립운동이었던
좌우합작운동이나 남북협상운동의 역사적
정당성을 인정하고, 정확하게 가르치는 일이 앞서야
할 것이다.

　협상파들은 서울로 돌아온 후에도, 현실적으로 되지 않을 일을 했
다느니, 북쪽에 이용당했다느니, 심지어는 포섭당했다느니 하는 온
갖 비난과 배척과 박해를 받았고, 백범의 경우 결국 죽음으로 이어졌
다고 할 수 있다.

　백범과 우사는 제국주의 강대국 일본과 싸워서 독립할 수 있다는
전망이 현실적으로 대단히 어두울 때도, 독립운동 그 자체가 옳은 일
이고 또 해야 할 일이기에 30여 년 동안 천신만고의 독립운동 전선
에서 한치도 물러서지 않은 사람들이다.

　마찬가지로 민족분단은 잘못된 길이며 통일민족국가 수립이 옳은
길이기 때문에, 또 해야 할 일이기 때문에 만난을 무릅쓰고 그 길에
나선 것이다. 그들에게는 38선이 있고 좌우가 극렬하게 대립하는 조
건에서 통일국가 수립이 현실적으로 가능하겠는가 하는 의문이나
망설임 이선에, 통일국가 수립운동이 독립운동 그것처럼 하지 않을
수 없는 일이었다고 할 것이다.

　'해방공간'에서 평화적으로 통일민족국가를 건설하는 길이 옳았고,
단독선거와 단독정부 수립이 민족사회 전체와 나아가서 세계평화를

위해 불행한 일이었음은, 백범이 예고한 대로 6·25전쟁이 터짐으로 써 바로 입증되었다. 엄청난 희생을 치르고도 전쟁방법으로는 결국 통일이 안 되었을 뿐만 아니라, 그 후유증이 반세기가 넘도록 지속되면서 아직도 흔히 세계 화약고의 하나로 지목되고 있다.

백범과 우사 등의 노선이었던 평화통일론이 한때는 이적론으로 탄압받기도 했으나, 이제는 전체 민족사회는 물론 세계적인 상식이요 당위가 되었다. 온갖 파란과 곡절을 겪고도 역사가 기어이 제 길로 가서, 협상파 백범과 우사 등의 노선이 옳았음을 증명해 주고 있는 것이다.

그런데도 평화적 통일국가 수립운동으로서의 1948년 남북협상은 아직도 대부분의 우리 역사책에서만은 그 정당성을 인정받지 못하고 있으며, 또 제대로 가르쳐지지도 않고 있는 실정이다. 불합리하고도 안타까운 일이 아닐 수 없다.

지나간 일 한 가지를 회상해 보자. 이승만 단독정권이 성립되면서 헌법이 제정되었을 때, 어느 기자가 백범에게 "이승만 박사가 대한민국 임시정부 법통 계승을 언명하였는데, 이에 대한 주석의 견해는 어떻습니까” 하고 물었다.

그러자 백범은 “현재 국회의 형태로서는 대한민국 임시정부의 법통을 계승하는 아무 조건도 없다고 본다”고 대답했다. 남한 단독선거로 구성된 국회와 그 위에 성립되는 정부로서는 임정 법통을 이을 수 없다는 말이었다.

문민정권이건 국민정권이건, 스스로 상해 임시정부의 정통성을 이어받는다고 내세우기 전에, 옳은 의미의 평화통일정책을 적극적으로 펼침으로써 한걸음이라도 통일에 접근해 가는 일이 중요할 것이다.

그것을 위해서도 ‘해방공간’의 평화적 통일민족국가 수립운동이었던 좌우합작운동이나 남북협상운동의 역사적 정당성을 인정하고, 정확하게 가르치는 일이 앞서야 할 것이다. (2000. 11. 9)

금강산 관광사업은 평화통일 사업

우리 민족사회가 지향하는 통일방법이 베트남식 전쟁통일이나 독일식 흡수통일이어야 한다고 생각하는 경우, 금강산 관광사업을 영리사업 중심으로 봐야 한다는 주장이 더 강하게 나올 법하다. 반대로 한반도의 경우 전쟁통일은 물론 흡수통일도 불가능함을 알고 비전쟁·비흡수의 방법으로 통일할 수밖에 없다고 생각하는 경우, 금강산관광을 통일사업의 일환으로 봐야 한다는 주장이 더 강하게 나올 법하다.

6·15공동선언 후에도 북한을 적으로 간주하고 전쟁통일은 어렵더라도 반드시 흡수통일이 되어야 한다고 생각하는 경우, 적을 경제적으로 도와주는 것은 통일을 늦추는 일이라 생각되게 마련이다. 따라서 북한에 경제적 도움을 주게 되는 금강산 관광사업을 정부가 지원하는 것은 곧 정

부 스스로가 '이적행위'를 하는 것이라 생각될 수밖에 없을 것이며, 그런 생각으로는 정부의 금강산 관광사업 지원을 당연히 반대하게 마련일 것이다.

한반도의 경우 그 지정학적 위치 문제가 주된 원인이라 말할 수 있지만, 베트남식 전쟁통일도 독일식 흡수통일도 되지 않았고 앞으로도 될 가능성이 거의 없다고 보는 관점이 지배적이라 해도 과언이 아니다. 6·25전쟁이 휴전으로 끝난 사실이 한반도에서는 전쟁통일이 불가능함을 실증했고, 김일성 주석 사망에 뒤이은 '고난의 행군'기에는 전문가들조차도 남한에 의한 흡수통일 가능성을 전망하는 경우가 압도적이었으나 북한은 동독과 달라서 와해되지 않았다. 그리고 지금은 남한에서도 그런 비평화적 통일이 되기도 어렵고 되어서도 안 된다는 생각이 일반적이다. 그래서 화해·협력에 의한 평화통일론이 자리잡아 가고 있는 것이다.

한반도식 통일은 화해·협력에 의한 평화통일일 수밖에 없음을 인식하고 나면 그런 통일을 이루기 위해서는 우선 한반도에 평화가 정착되어야 함을 알게 될 것이며, 평화를 정착시키는 길은 무엇보다도 북한 지역이 경제적으로 회복되고 안정되어야 함도 알게 될 것이다. 그리고 북한을 경제적으로 안정되게 하는 것은 한반도에 평화가 정착되게 하는 일일 뿐 아니라 통일비용을 미리 줄여가는 일임도 알게 될 것이다.

금강산 관광사업은 통일로 연결되지 않으면서 엄청난 희생만 내게 될 제2의 6·25전쟁을 억제하는 데 실제로 큰 역할을 다했다. 서해에서 남북 해군력 사이에 무력충돌이 있었을 때도 금강산 관광선이 그냥 운행됨으로써 그 무력충돌은 곧바로 종식되었다. 무력충돌이 전쟁으로 확대되었다면, 그 비용이 어찌 감히 금강산 관광사업에 드는 비용과 비교될 수 있겠는가.

금강산 관광사업은 또 6·15공동선언이 나오게 하는 촉매 역할을 했다고 할 수 있으며, 이 공동선언이 한반도의 평화정착에 결정적 계기가 되었음도 부인할 수 없다. 6·15공동선언 없이 9·11테러사건이 일어나고 부시정권의 대북 압박정책으로 연결되었다면, 한반도의 평화가 크게 후퇴했을 가능성을 상상하기 어렵지 않다.

금강산 관광사업은 평화정착 사업 및 통일사업의 일환으로 인정

북한을 경제적으로 안정되게 하는 것은 한반도에
평화가 정착되게 하는 일일 뿐 아니라 통일비용을
미리 줄여가는 일임도 알게 될 것이다.

되어야 하며, 그래서 정부사업으로 될 만도 하지만, 민간사업으로 유지되는 경우 당연히 정부 지원이 있어야 할 것이다. 금강산 관광사업을 정부가 지원할 수 있는가 하는 문제는, 통일문제를 비평화적 전쟁통일이나 흡수통일로 해결하려는가 아니면 화해·협력 평화통일을 지향하는가에 따라 달라질 수 있다. 비전쟁·비흡수 평화통일론이 시대적 요구임은 말할 나위가 없다. (2002. 2. 14)

남북 문화교류, 어떻게 할 것인가

분단시대 50여 년을 통해서 남북간의 문화적 이질성이 커졌음은 우리가 이미 많이 염려해 온 일이다. 고급문화와 대중문화를 막론하고 남쪽의 경우 어쩔 수 없이 미국과 일본의 문화와 가까워질 수밖에 없었고, 북쪽의 경우 중국과 러시아 쪽에 가까워질 수밖에 없었다. 일제 강점시대를 통해 일본이 우리 문화를 그들의 문화에 동화시키려 함으로써 우리 문화가 많이 훼손되었고, 그 때문에 해방 후에는 일제시대에 훼손된 우리 문화의 주체성과 고유성을 회복해야 할 단계였지만 민족이 분단됨으로써 그것을 회복하지 못한 채 다시 이질성이 높아진 것이다.

지금은 교통 및 통신의 발달과 함께 문화의 세계화가 요청되고 있지만, 이 세계화란 것이 모든 민족의 문화가 미국·유럽·일본 등 자본주의 선진국 문화에 동화되어야 한다는 말은 아니다. 각 민족이 고유의 문화적 특성을 가지고 그것을 잘 갈고 닦아서 세계의 문화마당에 자신 있게 내어놓는 일이 곧 문화의 세계화라 할 수 있다. 우리의 경우 분단으로 이질화된 민족문화의 동질성을 회복하고 그것을 세계문화의 마당에 내어놓을 수 있게 갈고 닦아야, 즉 세계화해야 하는 것이다. 다시 말하면 우리와 같은 분단민족의 경우 민족문화의 동질성을 회복하는 일이 앞서고, 그것을 바탕으로 하여 문화의 세계화를 해야 한다는 말이다.

분단시대 반세기 동안 남북이 서로 대립·반목하고 있었기 때문에, 언어를 비롯해서 생활습관과 대중문화 및 문화인식에 이르기까지 상당한 괴리가 생겼음은 말할 나위가 없다. 남북간의 긴장이 다소 풀리면서 그동안 주로 무난한 운동경기와 대중가요 중심의 교류가 일부 이루어졌지만, 쉬운 부분부터 시작하려니까 그렇게 되었지 그것으로 오랫동안 조성된 문화적 이질성을 메우기는 어렵다.

이제 남북정상회담이 성공함으로써 앞으로 남북간의 교류가 활성화될 것이 틀림없으며, 정치·경제·사회 등 각 부문에서 차분하고 계획적인 동질화가 이루어져야 하겠지만, 특히 민족적 동질화의 깊이를 더하고 또 그것이 뿌리내리게 하는 데는 문화적 동질화 작업이 무엇보다도 중요함은 말할 나위가 없다.

이번 정상회담은 곧 협상통일의 출발점이었다. 따라서 우리의 통일은 어느 날 갑자기 휴전선이 무너지면서 오는 그런 통일이 아님은 말할 것 없다. 상당한 기간을 두고, 어쩌면 10년 20년을 두고 남한 사람은 그대로 남한에 살고 북한 사람은 그대로 북한에 살면서 서서히 교류하고 통합해 가야 하지 않을까 한다.

그 때문에 문화의 동질성 회복을 위한 교류도 그같은 통일과정에 맞추어서 이루어져야 할 것이다. 문화부문에서는 남북이 지금처럼 각기 그 체제를 유지한 채 서로 문화적 교류를 활발하게 하는 것도 중요하지만, 앞으로는 그 단계를 넘어서 남쪽과 북쪽이 합작하여 문화사업을 하는 것이 더 효과적이라 생각한다. 남북 합작 연극, 합작 영화, 합작 음악회, 합작 서화전시회, 합작 민속놀이, 합작 백일장, 합작 고적답사, 합작 해외공연 등을 활발히 함으로써 남북 문화인들 사이의 인간적 우의와 신뢰를 쌓아 민족문화의 동질성을 회복할 수 있

각기 그 체제를 유지한 채 서로 문화적 교류를
활발하게 하는 것도 중요하지만, 앞으로는
그 단계를 넘어서 남쪽과 북쪽이 합작하여
문화사업을 하는 것이 더 효과적이라 생각한다.

는 그런 방법이 좋겠다는 말이다.

한·중 및 한·러 관계개선 후 많이 달라졌지만, 그전까지 남북은 각기 따로 해외동포를 가지고 있었던 셈이다. 즉 남쪽의 배후에는 재일동포·재미동포 사회가 있었고, 북쪽 배후에는 재중동포·재소동포 사회가 있었으며, 이들 해외동포들도 각기 그 특유의 문화를 가지고 있다.

이들 해외동포들이 가진 문화적 특징과 남북의 특징을 결합시켜 전체 우리 민족문화의 폭을 넓히고 내용을 다양하게 할 수 있는 문화행사들이 남북 화해와 더불어 이루어질 수 있어야 할 것이다. 남쪽과 중국 및 러시아의 관계가 회복된 후 주로 남쪽에서 한민족대회니 하면서 해외동포 사회와의 문화적 교류를 독점해 온 셈인데, 우선 그 부분부터 북쪽도 남쪽과 대등한 처지에서 참가하는 것이 바람직하다.

어느 한 민족사회의 문화가 획일적일 때보다 다양할 때 발전할 소지가 많음은 상식이다. 분단시대 반세기 동안 남북의 문화가 이질화하여 민족문화의 동질성이 훼손된 것은 사실이지만, 그것이 오히려 전화위복이 될 수도 있을 것이다.

분단시대를 통해 남쪽은 자본주의 문화를, 북쪽은 사회주의 문화를 익혀온 셈인데, 이제 남북이 화합하고 교류하는 과정을 통해서 자본주의 문화의 장점과 사회주의 문화의 장점을 효과적으로 결합시킴으로써 21세기에는 한 단계 높은 차원의 민족문화를 발전시켜 갈 수 있어야 할 것이다.

20세기는 그 전반기가 제국주의 시대였고 후반기가 동서 냉전시대였던 데 비해, 21세기는 20세기보다는 더 평화스러운 문화의 시대가 되리라 예상하는 경우가 많다. 정상회담을 통한 남북화해는 문화적으로도 21세기에 적합한 남북문화가 결합된 민족문화를 수립하여 세계문화의 발전에 이바지하는 계기가 될 수 있어야 할 것이다.

(2000. 6. 24)

우리는 한심한 민족인가

북쪽으로는 중국·러시아 등 강대국들과 맞닿았고, 남쪽으로 좁은 바다를 사이에 두고 또 다른 강대국 일본과 마주하고 있으며, 그 뒤에는 초대강국 미국이 버티고 있는, 그런 동북아시아의 한 공간에 한반도라는 좁은 땅이 있다. 그곳에는 21세기로 들어선 시점까지도 제 역사를 제대로 열어가지 못하는 7천만 명의 '가엾은' 사람들이 살고 있다.

근대 이전에는 아시아의 절대강자 중국의 끊임없는 침략을 받고 거의 예속되지 않을 수 없었으며, 대륙 쪽만큼 잦지는 않았다 해도 바다 쪽 일본의 침략도 간단없이 받아왔다. 근대로 오면서 서양의 제국주의를 배워 한걸음 먼저 이른바 부국강병을 한 일본에게 꼼짝없이 먹혀서 전체 한반도 주민들은 반세기 동안이나 노예처럼 살았다.

공업화도 올림픽도 월드컵도 제대로 치러내는
능력 있는 사람들이 어째서 그보다 훨씬 중요한
민족문제는 평화롭게 풀지 못하는가.

　근대 이전의 한반도는 또 아시아의 유일한 문화선진국이었던 중국과 가까웠던 덕택으로, 그리고 그 주민들의 부지런함과 슬기로움으로 중국에 버금가는 높은 문화수준을 유지했다. 따라서 그들의 자존심은 높았고 그것이 밑천이 되어 침략자 일본에의 저항은 치열하고 꾸준했다. 그런데도 제 힘만으로는 해방될 수 없었다. 강대국들에 둘러싸인 땅이 제 힘만으로 해방하지 못함으로써 결국 남북으로 분단되었고, 그것을 극복코자 처절한 통일전쟁을 겪었지만 엄청난 피만 흘린 채 통일되지 못했다.

　냉철한 눈으로 되돌아보면, 한반도 주민들은 높은 문화수준에도 불구하고 중세시대까지는 남의 속국으로 있다시피 했고 근대로 오면서 식민지가 되었으며, 현대에 와서는 저희끼리 나뉘어 싸우고 대립해 온 '가엾은' 사람들이다. 더 가혹하게 말하면, 그들은 남에게 예속되거나 남의 종살이를 하거나 저희끼리 분열해서 싸움질하는 세 가지 역사밖에 가져보지 못한 '불쌍한' 사람들이라 해도 할말이 없다.

　종살이와 동족상잔을 겪었어도 문화적 저력이 밑천이 되어, 2차대전 후 해방된 민족 중에서는 공업화라는 것을 앞서 해내고, 큰 나라 중국이나 인도도 아직 못한 올림픽을 치렀고, 분단문제를 해결코자 6·15공동선언에 합의하여 세계의 찬사를 받기도 했다. 월드컵을 치르면서 보여준 젊은이들의 열정적이면서도 의연한 자세를 보며, 분단민족의 그늘이 말끔히 걷히는 것 같은 '착각'에 빠지기도 했다.

6·15공동선언으로 남북 사이의 언짢았던 일들은 모두 씻어버리고, 이제는 주변 4강의 엇갈리는 이해관계 속에서 어떻게 민족문제를 슬기롭게 풀어갈 것인가 머리를 맞대고 지혜를 짤 일만 남았는가 했다. 그런데 하필이면 남북이 함께 기뻐한 월드컵잔치 끝에 또 해상 불상사가 터져서 죄 없는 젊은이들만 희생되고, 민족문제 해결은 십년공부 도로아미타불이 될까 염려된다.

해상경계선에 문제가 있다 해도 순리로 풀 일이지 왜 무력으로 해결하려 하는가, 불상사가 벌어지면 원인을 따지고 선후를 가려서 차분히 해결하지 못하고 왜 책임을 무조건 상대방에게 떠넘기려고만 하는가, 세계가 찬탄해 마지않았던 6·15정신은 어디로 가버렸는가. 군복 꺼내입고 머리띠 두르고 전쟁도 불사한다는 듯이 주먹을 휘두르며 소리치는 것도 칠십 평생을 살면서 지겹도록 봐온 그대로다. 다만 머리띠 두른 무리 속에 젊은이가 그다지 보이지 않은 것은 위안이 되지만.

평생을 두고 우리 역사를 배우고 가르치면서 민족의 문화적 저력을 크게 내세워왔다. 역사적 실패는 지정학적 위치 문제로 설명하면서, 그것을 슬기롭게 풀어가기만 하면 민족의 앞은 밝다고 강조해 왔다. 나이 탓인지 모르지만, 민족문제를 올바르게 풀어갈 현실적 방법은 못 가졌으면서 목청 높여 외치는 것도 사는 방법의 하나이려니 하고 봐넘기려 애써왔다.

그러나 "공업화도 올림픽도 월드컵도 제대로 치러내는 능력 있는 사람들이 어째서 그보다 훨씬 중요한 민족문제는 평화롭게 풀지 못하는가, 왜 제 땅이 세계에서 가장 전쟁위험이 높은 곳의 하나가 되고, 동아시아의 화약고가 되게 하여 이웃민족까지 불안하게 하는가, 참으로 알 수 없는 한심한 민족이군" 하고 남들이 비웃어도, 대꾸할 말이 없을 것 같아 걱정이다. 우리는 정말 한심한 민족일까.

(2002. 7. 12)

이제 우리 민족문제는 우리 힘으로

보기에 따라 다를 수도 있겠지만 우리 근·현대사는 식민지시대와 분단시대로 엮어진, 어떤 의미에서는 남의 장단에 춤을 춘 비주체적 역사였다고 해도 과언이 아니다. 앞으로 민족통일 문제가 우리 민족의 주체적 역량에 의해 원만하게 해결될 때 이 실패의 역사는 일단 끝나게 될 것이다. 우리의 근·현대사가 고난의 역사로 된 원인을 여러 가지로 설명할 수 있겠으나, 그 가장 중요한 것 하나는 우리 민족의 문제를 민족 전체의 이익과 발전을 위해 스스로 해결하려는 역사의식과 능력이 부족했던 데 있었다고 할 수 있다. 일본의 식민지가 된 과정은 그만두고라도 8·15 후의 분단과정만 해도 민족 내부의 분단책동이 외세의 분단작용 못지않게 컸음을 간과할 수 없다.

분단 27년 만에 남북 정부당국에 의해 7·4남북공동성명이 발표되었다. 그러나 남북 분단정권들로 하여금 공동성명의 발표에만 그치지 않고 그 내용을 실행하지 않을 수 없게 할 만큼 남북 전체 민족적 역량이 축적되었어야 했다. 남북 정권이 미국과 소련, 미국과 중국 사이의 화해에 밀려 발표한 공동성명이거나, 주변정세의 변화 속에서 분단정권들이 각기 하나의 자구책으로 내어놓은 성명이었다면 그 성과를 기대하기 어려운 것은 당연한 일이었다.

7·4남북공동성명이 나온 지 꼭 20년 만에 자주적·평화적 민족통일을 위한 대헌장(大憲章)으로 불린 '남북 사이의 화해와 불가침 및 교류·협력에 관한 합의서'가 교환되었다. 그러나 그것도 남북을 통한 7천만 전체 민족의 이해문제라기보다 다분히 주변 강대국 사이의 이해문제에 더 관련되었다고 생각되는 '북핵'문제에 걸려 상당한 세월을 또 허비했다.

김일성 주석의 죽음으로 성사되지 못한 것이 안타깝지만, 평양에서 개최될 예정이었던 남북정상회담은 결코 북미회담을 위한 '전주곡'이나 '들러리'가 될 수 없었다. 그것은 한반도 통일문제를 주도하는 그야말로 최고책임자의 회담이 되어야 했다. 민족분단 반세기 만에 우리 민족의 문제를 우리 스스로 해결하려는 남북 최고통치책임자 사이의 최초의 회담이어야 했다는 점에 그 역사적·현실적 의의가 있음을 강조하지 않을 수 없다.

그러나 김주석 죽음 후의 조문문제 등을 두고 남쪽에서 야기된 여러 가지 상황과 그로써 빚어진 남북 사이의 냉각현상은 우려해야 할 수준에 다다른 것 같다. 남쪽의 일부에서는 정상회담 자체를 거부하는 기미마저 있고, 앞으로 상당 기간 안에 정상회담이 가능하겠는가 하는 우려를 낳게 하고 있다. 그런데도 북미회담의 재개가 확정되었고, 북쪽 원자로를 경수로로 바꾸는 재원확보 문제가 미국 쪽의 주도로 추진되고 있다.

이제 우리의 민족문제는 남북을 막론한 우리 전체 민족 스스로가 주도적으로 풀어나가야 할 때가 되었다. 그 때문에 정상회담은 반드시 다시 논의되고 개최되어야 하지만, 북미회담을 위한 필요 때문이나 혹은 북미회담에 밀려 개최되어서는 안 된다고 생각한다. 우리 7천만 전체 민족의 주체적 역량에 의해 남북정상회담이 먼저 진행되고, 그 필요에 따라 혹은 그 추진을 쉽게 하기 위해 북미회담이 따라오는 것이 바람직하다는 말이다.

그러나 지금의 상황은 그 반대로 될, 다시 말하면 북미회담이 먼저 열리고 그것에 밀려 어쩔 수 없이 혹은 그 부수 회담의 성격으로 남북회담이 열릴 가능성이 높아지고 있는 것 같다.

남이 멍석을 깔아주고 장단을 쳐주어야 마지못해 춤을 추는 이런 비주체적 역사가 언제까지 계속될는지 안타깝기 그지없다. 지금부터라도 우리가 깐 멍석 위에서 우리 장단으로 춤추기 위해서는 그야말로 역사인식의 전환이 요청된다.

예를 들면 6·25를 체험한 기성세대의 냉전적 사고방식으로는 분명히 북쪽이 적이었고 미국이 우방이었다. 그 때문에 기성세대는 이미 전체 국민의 70%가 넘고 또 6·25를 경험하지 못한 젊은 세대에게도 자신들과 같이 계속 북쪽을 적으로 미국을 우방으로 여기고 상대하기를 요구하고 있다. 그럼에도 불구하고 젊은 세대들의 상당 부분은 북쪽이 적이 아닌 동족으로 여겨지고 미국은 우방이면서도 남으로 보이는 것 같다. 아마 6·25가 옛일이 되면 될수록 이런 생각이 확산될 수밖에 없을 것이다.

지금 남북의 전체 민족구성원과 그 통치권력들까지도 무력통일이나 흡수통일은 반대하고 대등적·평화적 통일을 지향하고 있다. '남북합의서'의 교환이나 정상회담의 추진이 그것을 잘 말해 주고 있다. 지금의 기성세대가 젊은 세대에게 요구하고 있는, 북쪽을 적으로 여기는 민족관 내지 역사관으로는 대등적·평화적 통일을 이루기는 불가능하다. 그리고 아무리 몸부림쳐도 통일이 이루어져야 할 21세기에는 6·25전쟁을 경험한 기성세대는 모두 역사의 주역 자리에서 물러나고 젊은 세대들이 대신할 수밖에 없다.

인류역사 이래 역사의 흐름을 막는 데 성공한 사람은 없었다. 아무리 막아도 역사는 흐를 만큼 흐르고, 변해야 할 만큼 변해 온 것이다. 지금의 우리에게는 변해야 할 만큼 변하고 말 역사를 남의 힘에 앞서 우리 민족 스스로의 의지와 노력으로 하루라도 빨리 바꾸어가려는 역사의식을 가지는 일이 중요하다.

통일 '언제쯤'에서 '어떻게'로

우리 근·현대사 학계가 앞으로 더 심층적으로 밝혀야 할 일은, 첫째 우리 정도의 문화수준을 가진 민족사회가 왜 유럽 선진자본주의 열강도 아닌 같은 문화권 안 일본의 지배를 받게 되었는가 하는 점과, 둘째 그 지배에서 벗어나면서 왜 민족이 분단되었는가 하는 점이며, 셋째 어떻게 해야 다시 통일할 수 있을 것인가 등이라 할 수 있다.

남의 지배를 받게 된 일과 분단된 일은 지난일이니까 역사학의 대상이 될 수 있다 해도, 통일은 앞으로의 일인데 역사학이 다룰 문제인가 하고 생각할 수도 있겠다. 그러나 남의 지배를 받게 된 원인을 넓고 깊게 알지 못하면 분단된 원인을 제대로 알 수 없고, 분단원인을 정확하게 파악하지 못하면 통일방법을 옳게 찾을 수 없다. 그 때문에 통일문제 역시 당연히 역사학 측면에서도 다루어져야 한다.

6·15공동선언 때 남북을 통틀어 유일한 역사학자로서 그 현장에 참가한 후 국내와 미국·일본 등지로 다니면서 통일문제 강연을 많이 했다. 강연 끝에는 열띤 질문들이 나오게 마련인데, 많이 받는 질문은 언제쯤 통일되겠는가 하는 것이다. 제2차 세계대전 후 분단된 민족사회 중 베트남과 독일은 지난 세기 안에 통일했는데 우리는 세기를 넘기고도 아직 안 되었으니, 언제쯤 통일될까 하는 것이 가장 큰 관심사로 되는 것은 당연하다 하겠다.

그러나 통일이 언제쯤 되겠는가보다, 어떤 통일을 어떤 방법으로 할 것인가가 먼저 관심사가 되어야 한다는 점을 강조하고 싶다. 20세기 안에 통일된 베트남은 전쟁으로 통일했고, 독일은 흡수방법으로 했다. 21세기의 통일이 될 수밖에 없게 된 우리의 경우 남북 당국이 모두 전쟁통일은 말할 것 없고 흡수통일도 안 하겠다고 한다. 그렇다면 우리가 이름붙인 '협상통일'을 할 수밖에 없겠는데, 6·15공동선언으로 협상은 이미 시작되었다고 할 수 있으며, 전쟁과 흡수가 아닌 협상의 방법으로 어떤 통일을 할 것인가가 문제인 것이다.

우리식 통일은 어떤 것이며 어떻게
해갈 것인가에 더 관심을 두어야지, 언제쯤
될 것인가에 더 관심을 두는 것은 문제를 풀어가는
순서가 바뀌었다고 할 수 있다.

지금 남쪽에서는 전쟁통일이나 흡수통일은 않겠다고 하면서도 대체로 1국가1체제가 되어야 통일이라고 생각하는 경우가 많다. 그러나 전쟁이나 흡수 방법이 아니면서 1국가1체제 통일을 하려면 긴 시일이 걸릴 수밖에 없을 것은 당연하다. 북쪽에서는 1국가2체제 통일을 하려 하기 때문에, 평양의 어느 고위층 인사와 금강산의 한 환경관리인에게 들은 말이지만, 하려고만 하면 당장이라도 통일을 할 수 있다고 생각한다.

1국가2체제 통일안이 남쪽 사직당국이 말하는 적화통일론인가 아니면 체제유지 통일론인가 하는 문제가 있지만, 어떻든 이제부터는 우리의 관심을 언제쯤 통일될까 하는 쪽에서 어떤 통일을 할 것인가 쪽으로 돌리는 것이 통일문제를 풀어가는 지름길이 된다고 하겠다. 남북이 모두 베트남식 전쟁통일과 독일식 흡수통일은 안 하겠다 한다면, 우리식 통일은 어떤 것이며 어떻게 해갈 것인가에 더 관심을 두어야지, 언제쯤 될 것인가에 더 관심을 두는 것은 문제를 풀어가는 순서가 바뀌었다고 할 수 있다.

전쟁통일과 흡수통일을 부인하는 한반도의 남북당국은 지금부터라도 우리식 통일이 어떤 과정을 거쳐 이루어지는 어떤 것이어야 하는가를 함께 진지하게 연구하고 논의해야 한다. 그것이 곧 우리식 통일방식을 찾아내고 또 통일을 앞당기는 일이 될 것이기 때문이다. 철도를 연결하고 육로관광 길을 열고 개성공단을 조성하는 일이 곧 통일하는 것은 아니다. 그것은 통일에 앞서서 전쟁위험을 없애고 평화를 정착시키는 과정일 뿐이다.

그 일을 하는 한편, 두 개로 되어 있는 나라를 어떤 과정을 거쳐 어떤 방법으로 하나가 되게 할 것인가를 연구하고 논의할 때, 그것이야말로 통일의 옳은 출발점이 되는 것이다. 평화정착 과정과 통일방법 논의과정이 함께 이루어질 때 통일을 조금이라도 앞당기게 된다. 통일에 대한 우리의 관심을 '언제쯤'에서 '어떻게'로 바꾸는 일이 요긴하다. 그리고 통일방법 논의의 활성화에 장애가 되는 모든 요인을 없애는 일 또한 시급하다. (2003. 4. 16)

신의주특구는 통일실험장인가

북녘 정부가 신의주를 특구로 지정하고, 그곳에서는 자본주의적 경영과 체제까지도 일부 허용하겠다고 발표한 것으로 전하고 있다. 좀더 두고봐야 알겠지만 지금까지 나온 이야기로도 마치 조선민주주의인민공화국 안에 또 하나 자본주의 체제의 작은 '국가', 물론 외교권과 군사권은 배제된 '국가'를 두려는 것처럼 들리고 있다.

신의주특구 설치에 대해 남녘에서 나오는 논평들을 보면 대체로 경제회복책의 일환으로 보거나 또는 나진·선봉 지역보다 조금 더 적극적인 개방정책으로 보는 것이 일반적인 관점인 것 같다.

하지만 남북이 화해·협력해서 평화통일을 이루어가기 위해서는 각기 제 처지에서만 상대방을 볼 것이 아니라 상대방의 처지에서 관찰하고 논

북녘이 신의주특구를 만들려는 것은
내가 보기에는 1국가2체제를 실험하려는 데
가장 큰 목적이 있는 것 같다.

평할 수도 있어야 한다. 신의주특구 설치를 경제회복책이나 적극적인 개방정책으로밖에 보지 못하는 것은 역시 남녘 논평들이 북녘의 처지에서 그것을 보지 못한 결과가 아닌가 한다.

우리가 알다시피 지금 남북 사이에는 통일방안에 차이가 있다. 남녘은 1국가1체제 통일을 지향하는 데 반해, 북녘은 1국가2체제 통일을 지향하고 있다. 북녘의 1국가2체제 통일안, 즉 연방제통일안을 남녘의 사직당국은 이른바 통일전선전술에 의한 적화통일안으로 보고, 남녘 사람이 그것에 동조하는 경우 국가보안법으로 다스리고 있다. 1국가2체제 연방제통일안이 남녘 사직당국이 보는 것처럼 적화통일안이냐, 아니면 그것이 아니고 사회주의 체제의 전반적 위기 속에서 체제유지를 위한 통일안이냐 하는 문제는 생각에 따라 다를 수 있다 하고 일단 접어두자.

북녘이 신의주특구를 만들려는 것은 내가 보기에는 1국가2체제를 실험하려는 데 가장 큰 목적이 있는 것 같다. 1국가2체제 통일을 지향하는 북녘이 남녘을 상대로 그것을 시도하기 전에, 우선 북녘 안에 자본주의 특구를 만들고 그것이 사회주의 체제에 어떤 영향을 주는가, 북녘 일반의 사회주의 체제와 신의주특구의 자본주의 체제가 얼마나 양립 혹은 공존할 수 있는가, 두 체제가 대립적이기만 하는가 아니면 호혜적일 수도 있는가를 우선 실험해 보려는 정책에서 나온 것이 아닌가 싶다. 물론 경제회복이나 개방정책도 겸하지만.

제2차 세계대전 후 분단된 민족사회 중 베트남은 20세기 안에 전쟁통일을 했고 독일도 20세기가 가기 전에 이른바 흡수통일을 했다. 전쟁통일과 흡수통일의 결과는 당연히 1국가1체제 통일이었다. 불행하게도 20세기를 그냥 넘기고 21세기적 통일을 할 수밖에 없게 된 한반도에서는 다행히도 남북 두 정부가 모두 전쟁통일은 말할 것 없고 흡수통일도 하지 않겠다고 선언했다.

2000년에 있은 제1차 남북정상회담은 20세기적 전쟁통일이나 흡수통일이 아닌 21세기적 통일, 즉 협상에 의한 통일의 시작이라고 나는 이미 지적한 바 있다. 그러나 협상의 방법으로 어떤 형태의 통일을 할 것인가를 지금 바로 논의하는 것은 시기상조라고 생각한다. 지금은 1국가1체제 통일이냐 1국가2체제 통일이냐를 논의하기보다, 협상방법에 의한 통일의 필수 전제조건이라 할 평화정착에 주력해야 할 때라고 생각하기 때문이다.

철도를 잇고 육로관광 길을 열고 공단을 조성하는 것은 협상통일의 필수 전제조건인 평화정착 단계에 들어선 것이지, 통일이 시작된 것은 결코 아니다. 평화가 일정 수준 정착되기 전에 통일문제를 서두르면, 예멘의 경우처럼 전쟁으로 해결하지 않으면 안 될 상황으로 갈 가능성도 있다. 그러나 한반도는 전쟁으로는 통일될 수 없다는 사실이 6·25전쟁에서 이미 증명되었다.

평화정착이 어느 정도 이루어진 후에야, 구체적으로 말하면 적어도 휴전협정이 평화협정으로 바뀌고 상호 군사감축이 가능할 정도로 신뢰가 쌓인 후쯤에야 지금의 2국가2체제를 1국가1체제로 통일할 것인가, 아니면 1국가2체제로 통일할 것인가 등등 구체적인 통일방안을 논의할 수 있을 것이다.

북녘이 시도하는 신의주특구의 실험결과는 그때를 위해 대단히 중요한 참고거리가 될 수 있지 않을까 한다. (2002. 10. 4)

미국, 언제까지…

미국 자본주의의 심장 쌍둥이 무역회관이 단숨에 무너지고 철옹성 펜타곤이 공격받자, 부시 대통령은 '21세기 최초의 전쟁'이 시작되었다고 흥분했다. 두 차례의 제국주의 세계대전과 냉전체제가 이어졌던 20세기를 넘기고, 전체 인류사회가 평화와 문화주의를 지향하는 새로운 세기에 들어섰다는 희망이 일부 돋아나고 있을 때, 그것을 뒤엎기나 하듯 21세기 최초의 전쟁이 하필이면 자타가 공인하는 세계 유일 초대강국 미국의 심장부가 무너지면서 터졌으니, 세상일이란 참으로 알 수 없는 것이기도 하다.

태양이 지지 않던 나라 영국이 쇠퇴한 후의 20세기는 미국이 대신 세계를 지배했다 해도 과언이 아니다. 그 후반기는 소련과 함께 지배했다고 할 수도 있겠지만, 그 세기가 다 가기 전에 소련이 무너짐으로써 20세기 세계를 지배한 나라는 결국 미국이 된 셈이다.

이제 21세기로 들어선 시점에서, 세계사의 가장 큰 관심사 하나는 미국이 언제까지 초대강국의 위치를 유지할 수 있을 것인가 하는 점이다. 그 대답으로서 지역공동체의 발달과 유럽연합의 결속 강화, 중국의 강대국화 그리고 러시아의 재기 등이 주목되기도 한다.

그러던 차에 아직은 아무도 감히 건드리지 못하리라 생각했던 초대강국 미국의 심장부가 몇몇 테러분자의 공격을 받고 한순간에 폭삭 무너지는 일이 백주에 벌어졌다. 세상에 모르는 일이 없고, 못하는 일이 없다고 공인되다시피 한 미국의 정보기관도 이 엄청난 일을 미리 알지 못했고, 그래서 막지 못했으니 참으로 놀라운 일이 아닐 수 없다.

부시가 말하는 21세기 최초의 전쟁을 두고, 아직은 어느 예리한 논평가나 대담한 해설가도 미국이 세계 유일 초대강국의 위치에서 내려서는 시발점이 되지 않을까 감히 예측하는 사람은 없는 것 같다. 제 편이 아니면 테러 편이라는 식의 '공갈'을 무릅쓰면서 대담한 논평이나 해설을 내놓기에는 미국의 초대강국적 위치가 아직 너무도 뚜

문명사회다운, 평화주의자다운 대응책은
테러를 당한 쪽에서 그 원인을 정확하게 찾아내고
그것을 스스로 하나하나 없애나가는 데 있다.

렷하기 때문이라 할 수도 있겠다.

　세상에 믿을 것이 아무것도 없다 해도 역사가 변한다는 사실만은 믿어도 된다. 200만 년이 넘는 인류역사에서 불과 5천 년 동안에 석기를 쓰던 인간들이 달나라에 가고 컴퓨터를 쓸 만큼 문화를 그리고 역사를 급격히 발전시켜 왔다. 뿐더러 현대사회에서는 역사발전의 속도가 상상을 초월할 만큼 더 빨라지고 있다. 20세기 동안 세계를 지배한 미국이, 소련이 무너진 후 홀로 초대강국으로 남은 미국이, 그 유일 초대강국의 위치를 그냥 유지할 만큼 21세기 세계사가 제자리걸음하지 않는다는 사실 역시 믿어도 좋을 것이다.

　테러행위는 마땅히 규탄해야 하고 죄 없이 죽어간 영령들의 명복은 엄숙히 빌어야 한다. 그러나 그것으로 테러행위와 무고한 희생이 더 이상 없어진다는 보장은 아무도 할 수 없다. 문제의 핵심은 어떻게 해야 테러행위를 사라지게 할 수 있는가에 있으며, 분명한 것은 보복전쟁은 결코 문명국다운 대응책이 아닐 뿐만 아니라 근본적인 테러방지책도 못 된다는 사실이다. 문명사회다운, 평화주의자다운 대응책은 테러를 당한 쪽에서 그 원인을 정확하게 찾아내고 그것을 스스로 하나하나 없애나가는 데 있다.

테러분자라 해도, 비행기를 조종할 만한 지능을 가진 사람들이 하나밖에 없는 목숨을 이유 없이 버릴 리 없다. 이번 테러행위의 근본 원인은 유일 초대강국 미국의 지칠 줄 모르는 패권주의에 있다 해도 괜찮을 것이다.

일본·영국 등의 적극적인 뒷받침을 받으면서 신자유주의를 무기 삼아 거침없이 치닫는 미국 패권주의는 진정한 의미의 세계평화를 위해 반드시 청산되어야 한다. 턱없이 넓어진 그 오지랖은 좁아져야 하며 겸손해져야 한다. 패권주의를 걷어내고 다시 먼로주의로 돌아갈 수 있을 때, 비로소 미국을 대상으로 한 테러는 종식될 것이다.

미국의 사회학자 이매누엘 월러스틴은 미국이 종주국이 된 신자유주의적 자본주의는 앞으로 25년 내지 50년을 못 간다고 진단했다. 그같은 역사의식과 결기를 겸한 사람들의 발언권과 역할이 훨씬 더 커질 때, 미국과 세계의 평화는 보장될 수 있을 것이다. (2001. 10. 5)

한반도 통일과 미국

한반도의 남북 사이에 화해·협력이 진전되면 평화가 정착될 것이며, 그 결과는 곧 평화통일로 연결될 것이다. 부시정권 성립, 9·11테러, 아프가니스탄 보복전쟁 등이 이어지면서 미국의 대북정책이 강경해지더니, 그 대통령에게서 '악의 축'이란 말까지 나오게 되었다. 곧 열릴 서울의 한미정상회담이 북미관계를 어디로 가져갈지 관심거리다.

미국이 대북 압박정책을 쓰면 남북관계는 냉각되게 마련이며, 그 결과 한반도의 평화통일은 점점 멀어지게 마련이다. 이 경우 한반도의 통일문제는 미국의 한반도정책 여하에 달려 있다는 말이 되겠는데, 어떻게 하면 통일문제의 주도권이 우리에게 넘어올 수 있겠는가를 적극적으로 생각해야 할 때가 되고도 남았다.

통일문제를 우리 민족이 주도적으로 풀어가는 길을 찾기 위해선, 우리를 둘러싼 국제환경에 대한 정확한 이해가 앞서야 하며, 그러기 위해서는 왜 분단되었는가 하는 문제까지 소급하지 않을 수 없다. 제2차 세계대전이 끝날 때 전체 한반도는 영세국외중립지대로 되지 않는 한, 미국세력권에 들어갈 수도 소련세력권에 들어갈 수도 있었다. 또 미·소 두 전승국의 세력균형을 위해 분단될 수도 있었다. 이 몇 가지 길 가운데 결국 분단의 길을 걷고 말았다.

동서냉전하의 세력균형을 깨고 전쟁으로라도 통일하려 한 것이 6·25전쟁이었다. 처음에는 북에서 통일할 뻔했고 다음에는 남에서 할 뻔했다. 그러나 외세개입으로 결국 어느 쪽으로도 통일되지 않고 분단은 계속되었다. 그러다가 한일협정 후 남쪽에는 한·미·일 공조체제가 굳어졌고, 북쪽에는 중·소 분쟁, 사회주의 소련의 와해 등으로 조·중·소 공조체제가 한때 무너졌다가 최근 미국의 대북 압박정책에 대응하여 조·중·러 공조체제가 성립될 가능성을 보이고 있다. 한·미·일과 조·중·러 공조체제가 대립하는 한, 한반도의 통일은 불가능하다.

대북 압박정책의 목적이 테러전쟁 확대책이냐, 냉전분위기를 회복하여 남한에 더 많은 전투기 등을 팔기 위한 계책이냐, 미사일방어체제 구축을 위한 책략이냐 등등 여러 가지 관점이 있다. 어떻든 대북 압박정책은 한반도가 6·15공동선언 후 평화정착 및 평화통일 기미를 보이는 데 대한 미국 쪽 대응책략의 하나라 할 수 있다.

미국은 휴전선 이북지역까지도 제 세력권에 넣는 한반도 통일을 획책할 것이며, 그것이 안 되면 분단상태를 지속시켜 이남만이라도 계속 제 세력권에 두려는 책략을 견지할 수 있다. 그러나 휴전선 이북지역까지 미국세력권에 들어가는 통일이 가능하겠느냐 하는 것은, 그 이남지역까지 중국이나 러시아 세력권에 들어가는 통일이 가능하겠느냐 하는 것과 전혀 다르지 않다.

한반도는 그 지정학적 위치가 중요한 원인이 되어, 중세시대에는 절대강자이던 중국 쪽에 예속되었고, 근대로 오면서 신흥강자가 된 일본의 강제지배를 받았으며, 현대로 들어서면서 남북으로 분단되어 남쪽은 미·일 세력권에 북쪽은 중·소 세력권에 들고 말았다. 예속과 강제지배와 분단을 극복한 통일의 길은 어떤 것인가.

자국의 이익을 위해 강행하는 미국의 대북
압박정책 때문에, 6·15공동선언으로 어렵사리
쌓인 남북간의 신뢰가 깨어져서는 안 된다.

남북 모두 미·일과 중·러의 영향권에서 벗어나 제3의 위치를 확보하면서 통일되는 것이 바람직하다. 그것은 또 21세기 동아시아의 평화를 담보하는 길이기도 하다. 미국의 대북 압박정책이 전체 한반도의 제3의 위치 됨을 막고 휴전선 이북까지 제 세력권에 넣거나 그것이 안 되면 분단상태가 계속되게 하려는 책략에서 나왔다면, 그것은 제국주의 및 냉전주의의 연장이라 해도 좋을 것이다.

자국의 이익을 위해 강행하는 미국의 대북 압박정책 때문에, 6·15공동선언으로 어렵사리 쌓인 남북간의 신뢰가 깨어져서는 안 된다. 통일문제가 외세의 영향을 받지 않을 수는 없지만, 그렇다 해서 외세에 좌우되어서는 안 된다는 점이 중요하다.

미국의 대북 강압정책에 대한 남북 우리 민족사회 공동의 대응은, 20세기와 같이 외세에 휘둘려 통일문제의 자율적 해결에 또다시 실패할 것인가, 아니면 21세기에는 외세의 책동을 극복하고 통일문제를 스스로 해결해 낼 수 있을 것인가를 가름하는 시금석이 될 것이다. (2002. 2. 15)